SOFÍA

PINCELADAS DE UNA VIDA

Maia Castaño

Sofía

PINCELADAS
DE UNA VIDA

Maia Castaño

bubok
EDITORIAL

© Maia Castaño
© Pinceladas de una vida

ISBN papel: 978-84-685-2287-6
ISBN pdf: 978-84-685-2288-3

Impreso en España
Editado por Bubok Publishing S.L.

Dedicado con cariño
A mi familia,
A mis queridas hijas y nietas y
A todos, amigas y amigos.

Índice

PROLOGO

Comenzaré diciendo que tengo un gran interés por utilizar como modo de expresión la palabra escrita y desde la quietud de mi madurez, intento plasmar en estas páginas los acontecimientos de una vida cercana e intensa que permanecen en un rincón de la memoria. Algunos hechos fueron contados y otros se acercan a la realidad.

Me mueve el dejar el recuerdo de una vida intensa y una forma de ser y pensar que pueda al lector servirle en algún momento o provocarle una sonrisa que también será saludable.

Renueva el corazón a cada hora
y aprende a renacer cada mañana,
como el paisaje al despuntar la aurora,
como el sol que amanece en tu ventana.

Sé artista, sé poeta,
sé el espejo del ancho mundo;
aunque después te roben los años su esplendor,
no serás viejo…

Del poema "Todo está en el corazón" de Ricardo León.

CAPITULO I
LOS PRIMEROS AÑOS

Conocí a Sofía cuando asistía a las clases de dibujo y pintura que impartía un profesor ya entrado en años que inspiraba respeto y admiración. Enseguida conectamos las dos y durante cinco años fuimos en principio compañeras y luego, cuando finalizamos los cursos, grandes amigas. Nos contábamos nuestras alegrías y nuestras penas y esa amistad ha permanecido a lo largo de los años.

Sofía, mujer optimista, con carácter y decisión nació en Madrid a finales de invierno en el seno de una familia de clase media. De una generación de postguerras, nuestra guerra civil y la guerra mundial, fue en esos momentos privilegiada al no sentir la fuerza del hambre y las penurias de la mayoría.

Como primer apunte tengo que decir que Sofía, desde sus primeros años, tuvo una clara sensibilidad respecto a la propia individualidad en relación con los demás que ha permanecido durante toda su vida. Enseguida se dio cuenta de que era única al igual que cada ser humano.

Sus padres se querían mucho, a pesar de que tenían caracteres diferentes y el cariño se fortaleció mucho más con la edad. Habían nacido a principios del siglo XX, él en el otoño de 1901 en la verde Galicia y ella en la tierra castellana de Palencia el último día de febrero del bisiesto 1908. Se llevaban siete años y cuando la madre hablaba de su edad, decía que como había nacido en año bisiesto podía ser mucho más joven ya que por cada cumpleaños se podía quitar años, provocando la sonrisa con ese comentario.

En una ocasión la madre de Sofía me comentó cómo se habían conocido. Ocurrió de una forma bastante original para aquellos tiempos. Sucedió en Madrid antes de la guerra civil. La central de la empresa donde él trabajaba estaba situada cerca de su casa. Los balcones de ambos edificios daban a la misma calle. Un día el azar hizo su trabajo, él se asomó al balcón y la vio, en ese momento quedó impresionado por su belleza y cuando venía a Madrid cualquier excusa era buena para asomarse y verla.

En uno de sus viajes decidió avanzar e intentando seducirla, comenzó a hacerle señas y a poner papelitos con mensajes en el cristal de la ventana. Ella no le hizo el menor caso, tenía otro pretendiente que la cortejaba.

"Pero, bueno… ¿este madurito que quiere? ¡Si es muy mayor!" Comentaba con una sonrisa a una amiga muy querida que vivía en el mismo edificio.

Tanto insistió que ganó y quedaron en salir una tarde, pero llevaría a su amiga de carabina como se hacía en aquel tiempo. Aunque era mayor que ella, tenía buena figura y resultaba un hombre atractivo. Antes de decidir que haría pidió a su amiga que averiguara el estado civil, dudaba si era casado pues tenía edad para ello. Cuando la amiga comentó que era un hombre soltero entonces accedió.

Ella era alegre, charlatana y optimista, él, reservado y serio, hasta en las ideas políticas no coincidían, pero a pesar de ello se complementaban. Tuvieron cuatro hijos, dos chicas y dos chicos.

Sofía recuerda con alegría su infancia cerca de su madre y abuela materna así como de sus tres hermanos. Guarda un recuerdo entrañable de la madre por su alegría y generosidad, también de la abuela por su rectitud y cariño, al padre en esa época lo conserva algo borroso, como un gran viajero siempre yendo y viniendo en los momentos en que se lo permitía el trabajo.

Sus llegadas eran siempre muy esperadas por todos, venía lleno de regalos dispuesto a enseñarles en pocas horas lo que él consideraba, sin darse cuenta de que más que enseñanzas lo que estaban demandando era su cariño y cercanía, nada más.

Vivían en Madrid, en la misma casa en la que nacieron las dos hermanas, Clara y Sofía. El hecho que narro a continuación fue especial para la madre que lo contó en innumerables ocasiones y tiene relación con otro hecho que ocurrió transcurridos algunos años más tarde.

El parto de Clara fue complicado. Nació en la propia casa como ocurría en aquel tiempo y tuvieron que utilizar los fórceps que entonces eran bastante frecuentes. Nació sin vida según el ginecólogo y la depositaron en una mesita auxiliar, su abuela se acercó a observar al bebé con una enorme pena, cuando estaba cerca vio que sus bracitos se movían y avisó enseguida al médico:

"Doctor, la niña se mueve ¡está viva! ¡Venga deprisa!"

El médico dejó a la madre y atendió a la niña, le dio varios cachetes en el culo hasta que empezó a llorar fuertemente para alegría de todos. Siempre decía la madre que Clara había nacido porque la abuela deseaba con mucha fuerza tener a su primera nieta.

Las dos hermanas compartían todo, formaban una unidad por la poca diferencia de edad, se llevaban año y medio y más aún por la idea que tuvo la madre de vestirlas siempre iguales, parecían mellizas.

Permanecieron en Madrid hasta que Sofía cumplió los dos años y los padres -la madre fue la que tomó la decisión de seguirle- decidieron el traslado a un pueblo en la costa de Barcelona, Vilasar de Mar. En este pueblo cuando transcurrieron dos años nació el siguiente de los hermanos, Carlos, un bebé tranquilo con una carita preciosa, era un niño muy guapo. A Sofía le gustaba su hermano y al mismo tiempo le provocaba sentimientos contradictorios, cariño y celos, sentía que con su llegada ya no iba a ser la pequeña de la familia. Algunas veces se acercaba a la cuna y le apretaba tanto que le hacía llorar, así conseguía que la madre viniera y le prestara a ella la atención que estaba necesitando:

"Sofía tienes que querer a tu hermano, pero ¡no tanto que le hagas daño!"

Hombre cariñoso, amigo de sus amigos y con un espíritu libre, mantiene el mismo comportamiento que tenía cuando era joven. Este hermano aunque en otro tiempo fue el más cercano, en la actualidad sigue el curso de su vida. Sin embargo, en años anteriores, además de hermanos les unía una gran complicidad, se contaban las penas y alegrías, pero el tiempo ha transcurrido y han evolucionado de forma diferente.

Carlos tiene un hijo alto y guapo que es su viva imagen, hasta su personalidad es similar. Su risa contagiosa bien pudiera ser genética pues es igual a la de su tía Sofía que aún conserva en la memoria las partidas divertidas de Scrabble en las que para ganar él utilizaba todo tipo de trucos, hasta inventaba palabras para conseguir puntos que provocaban en todos una carcajada al igual que ocurría cuando veía la película de dibujos animados del perro "Pulgoso" en la que se reía con todas sus ganas.

De los días en la casa de Vilasar de Mar, Sofía conserva un recuerdo maravilloso, situada cerca de la playa, se trataba de una vivienda de dos plantas rodeada de un jardín en el que crecía una enorme mimosa que siempre miraba, tan grande era ese árbol, o así lo veía ella, que llegaba a la terraza de la segunda planta y en esa terraza con gran paciencia, la abuela eliminaba todo tipo de insectos o bichos que iba encontrando, para evitar a los nietos cualquier percance.

Sofía recuerda de forma entrañable cuando el padre estaba en casa y llevaba al colegio a las dos hermanas, sentaditas con su uniforme azul en el sidecar de la enorme moto negra que le gustaba conducir. Tan contentas viajaban en la moto con su padre sintiendo la velocidad que las dos siempre iban cantando.

Las primeras palabras que ella pronunció fueron en catalán y a los mayores les hacía gracia la manera de hablar de la niña, sobre todo cuando cantaba canciones infantiles acompañadas de los movimientos de sus pequeñas manos.

CAPITULO II
LEON Y LA ALEGRIA

Del traslado de la familia a León no tiene recuerdos pero sí de su estancia durante algunos años hasta que cumplió los diez. Allí vivieron en dos casas, la primera un piso doble, en una parte estaba la empresa en la que trabajaba el padre y en la otra la vivienda. Era amplio y con grandes ventanales desde los que se veía la Calle Ordoño II, calle llena de ruidos por la que paseaban una multitud de personas y en donde estaban situados comercios y cafeterías.

En esa casa, al igual que todos los niños, tuvo un sueño. ¡Volar! En ese sueño sintió por primera vez la sensación de plena libertad. Sucedía en el hall de la casa y como en todos los sueños no tenía límites, se situaba encima de un arcón grande y pesado y ¡saltaba! al instante volaba sin tocar el suelo y planeando veía todo con otra perspectiva.

Durante la estancia en esa vivienda nació el cuarto y último de los hermanos, Eduardo. En esos días hubo mucho ajetreo y nervios. Para que no molestaran, enviaron por unos días a los tres hermanos a casa de una tía abuela en un pueblecito de Palencia. En ese pequeño pueblo disfrutaron mucho, la casa era de labradores, enorme, con habitaciones silenciosas llenas de trastos y aperos de labranza. Tenía una gran cocina de la que se salía directamente para contemplar el paso de un rebaño de ovejas, un perro o un carro que iba a la trilla. Un día en el carro fueron a una finca cercana para recoger el cereal ya trillado que luego se reunía en grandes montones en los que saltaban y jugaban hasta cansarse y de los que salía una gran nube de polvo amarillo. La espiga se metía por todos los rincones de la ropa y, aunque picaba, pasaba desapercibido el picor porque era más grande el disfrute que sentían. La tía abuela llevaba la merienda que consistía en buenas rebanadas de pan tierno con una nata cremosa y miel, tantas rebanadas comió Sofía que desde entonces siente rechazo a esa mezcla de nata y miel.

Cuando volvieron a la ciudad, su hermano Eduardo ya había nacido. En el sanatorio la madre tuvo el mejor parto de los cuatro a pesar de no ser una mujer joven, tenía cuarenta y tres años y según los médicos podía peligrar su vida con el embarazo o el parto. Estaba muy gruesa. Sofía aún conserva en la memoria la cara de susto y preocupación que durante un tiempo tenía la familia por la salud de la madre cuando al sentarse en una silla baja perdió el equilibrio y se cayó.

El bebé era un niño hermoso, redondo y muy tragón y al igual que todos los bebés, llorón. Sofía observaba sus gestos y comparándolos con los de su muñeca, le producía una enorme curiosidad que algo tan pequeño moviera los bracitos y las piernas sin ayuda de nadie. Ya no tenía celos pues había sido, como escribe Miguel Delibes, destronada por otro hermano, así que disfrutaba cuando la madre o la abuela permitían durante unos minutos que lo tuviera en los brazos.

Este hermano hombre conversador, inteligente y observador tiene algo en común con ella y es el enorme respeto a la vida de los demás. Está dotado de una gran habilidad, al igual que el padre, para realizar trabajos de artesanía con la madera.

Aunque cuando eran jóvenes tenía más comunicación con su hermano Carlos por estar cercano a su edad, en la actualidad comparte con el hermano pequeño Eduardo muy buenos momentos. Poco amigo de los médicos al igual que el padre, tiene mucho miedo a enfermar tanto que cualquier mal de alguien cercano cree que también lo va a sufrir. En más de una ocasión Sofía y Eduardo han compartido risas con un amigo común cuando han hablado del tema.

Este amigo entrañable forma parte de la familia, la madre le consideraba como un hijo y sentía por él un profundo cariño. Tiene en la memoria las agradables charlas de sobremesa que mantenían en las que disfrutaban todos y cómo este amigo provocaba a la madre para que se dispusiera a cantar bonitas canciones antiguas transmitidas por generaciones. Conectaban muy bien.

Sofía conoció a sus primeros amigos en León, dos hermanos, chico y chica que no compartían el colegio, ellos estudiaban en las Teresianas y Clara y Sofía en las Carmelitas. Eran hijos de unos amigos de la madre, se veían los domingos cuando las madres coincidían y se divertían mucho en el parque. Tenían un comercio de ferretería muy amplio y cuando algunas veces iban las dos hermanas con la abuela les llamaba la atención la cantidad de herramientas que había y preguntaban y volvían a preguntar a la abuela para que servía cada una de ellas.

En el colegio las dos hermanas asistían a clase de párvulos, similar a preescolar , que impartía una monja severa y antipática. Sofía recuerda un episodio lamentable y triste. En clase no podían ir al baño cuantas veces quisieran, sirva como disculpa hacia esa monja que había niños traviesos que pedían ir al baño para ir a jugar, pero desde luego no era su caso. Decidieron negarle ese derecho ¡pobre! y se hizo caca, sí caca, a última hora de clase ¡Que trago! Además faltaba todavía tiempo para que viniera la abuela a recogerlas.

Durante horas la caca le hizo compañía y en el recreo no recuerda si se retiró cuanto pudo de las demás compañeras o cree que ellas se alejaron por el aroma tan agradable que se respiraba a su lado. Lo cierto es que tiene muy claro esa imagen sentada en un banco, alejada y muy triste a la espera de la abuela pensando en la hermana que también se retiró como los demás.

Desconoce el motivo por el que se cambiaron de casa y se fueron a vivir a la Plaza de Colón cerca del mercado. Lo más significativo de esta segunda vivienda era su larguísimo pasillo donde realizaban todo tipo de juegos, desde hacer carreras y batallas hasta jugar a las casitas.

Vivían en el último piso y ocupaba el de abajo una señora con su perro que a Sofía le daba mucho miedo. Por las mañanas al bajar la escalera para ir al colegio, aceleraba el paso cuando pasaba por su puerta por el miedo a que se abriera y coincidieran. Tanto su dueña, tenía en la cara una enorme verruga y era casi calva, como el animal compartían fealdad. Luego, al cabo de un tiempo y para su alegría, se fueron dueña y perro.

Percibía que había pasado algo extraño y no lo entendía. Se enteró años después cuando se lo contaron, esta señora era una madame y organizaba encuentros de chicas jóvenes con importantes caballeros.

Un día la abuela de forma casual, al bajar se encontró de lleno con uno de esos caballeros que salía de la casa de forma misteriosa, se trataba nada menos que de un clérigo importante de la ciudad, la madre de Sofía dudaba si decírselo o no a la amiga ya que era familiar suyo. En principio decidió que lo iba a exponer en la siguiente reunión de la comunidad de vecinos. ¡No podían convivir familias con niños en el mismo edificio!

Todos estuvieron de acuerdo. Al final la madre se vio obligada a comentarlo a su amiga y consiguieron entre todos que se fueran a otro lugar más adecuado para esa actividad.

De esa época tiene el recuerdo de un momento especial, ocurrió en unas Navidades, había nevado y fueron los cuatro hermanos con la abuela a comprar el pavo para la Nochebuena, luego lo trasladaron a casa con un cordel que la abuela llevaba bien sujeto. Los hermanos iban detrás observando todo lo que hacía el animal. Pobre pavo, no lo dejaron ni un momento.

Cuando llegaron a casa continuaron haciéndole todo tipo de fechorías, iban detrás del animal que no paraba de correr por el largo pasillo de un sitio a otro enloquecido por la actitud de los pequeños monstruos y cuando le daban alcance tiraban y tiraban de su papada roja hasta que el dolorido pavo lograba escapar. La madre al verlos pensó que no iba a llegar entero a la cena por las burradas que le hacían y tomó la decisión de llevarlo a la cocina. Ya no se supo más del pavo hasta que llegó la noche señalada, seguramente se lo comerían.

Otro de los momentos entrañables que recuerda Sofía ocurría por las mañanas muy temprano, cuando la abuela levantaba a los cuatro para ir al colegio. Tiene en la memoria la casa acogedora, el olor del desayuno que preparaba la madre, la cocina encendida con bolas de carbón que siempre se preguntaba ¡menuda tontería! cómo las harán tan perfectas para después quemarlas. La salida al frío de la mañana, las huellas que dejaban detrás al caminar por la nieve, luego, después del colegio la llegada a casa, la merienda y esas tardes maravillosas jugando en la Plaza Circular o en los jardines nuevos de Papalaguinda, que parecían inmensos por su extensión y cuando venía de viaje su padre, las salidas por el Paseo de la Condesa en donde siempre les compraba golosinas.

También recuerda la imagen del padre escayolado de una pierna a consecuencia de un accidente, entreteniendo su tiempo durante la convalecencia en la realización de un pequeño barco de madera. Le sorprendía cómo unas manos tan grandes podían realizar las pequeñísimas piezas que iba colocando con enorme paciencia. El padre era un magnífico artesano.

Otras tardes bajaban a jugar con los amigos y a patinar como lo hacía Clara a la que veía alejarse con admiración, intentando imitarla luego consiguiendo con mucho esfuerzo deslizarse con igual agilidad. Que maravillosa sensación de libertad sentía. Son vivencias que ahora le producen una enorme satisfacción.

Hay un recuerdo que, aunque conserva algo desdibujado porque existen algunos momentos olvidados, es oportuno escribirlo ya que lo que permanece es divertido.

Hicieron otro viaje los tres hermanos, en León se quedaron el pequeño Eduardo con la madre y la abuela. Los llevaron al pueblo de Palencia donde había nacido la madre. No conoce el motivo de ese viaje, sería alguna situación médica, quizás un aborto. Estuvieron unos días en casa de dos hermanas mayores, una de ellas tenía marido. Eran muy parecidas en el físico, pelo blanco, mismas facciones y similar estatura, tratadas como familia. Tenían una casa en el centro del pueblo cerca de los soportales al lado de una panadería que atendían las dos.

Allí disfrutaron de toda la libertad que permite un pueblo pero por las tardes siempre era obligatorio dormir la siesta, seguro que en esas horas respiraban todos tranquilos y al ser una obligación que cumplir a los tres hermanos no les gustaba, además ¡no tenían sueño!

Una tarde decidieron escaparse capitaneados por Clara, y lo hicieron a través de una ventana pequeña en la parte posterior de la casa que daba a un enorme campo y a un río, el Pisuerga. Era un lugar precioso y estupendo para jugar.

Fueron un par de días en los que los mayores no se dieron cuenta, pero lo maravilloso acabó cuando una tarde el dueño de la casa los vio por la ventana y se acercó con una especie de varita de mimbre en la mano.

"¡Ahora mismo a casa! ¿Nos os dais cuenta que puede ser peligroso estar solos cerca del río?"

Y agitaba la varita de un modo que les provocaba inquietud.

Rápidamente volvieron temerosos y muy obedientes. ¡Se estropeó la diversión! y castigados, tuvieron que dormir más horas de siesta y además vigilados.

En ese pueblo Sofía comenzó a desarrollar una fobia hacia los perros que al transcurrir los años superaría cuando convivió con uno que le regalaron a su hermano Carlos.

¡Menudo susto tuvo con el perro que guardaba una finca!

Una tarde estaba jugando de manera tranquila con las niñas del pueblo en un campo cercano al lugar en el que estaba atado. No dejaba de ladrar al verlas alegres y sobre todo libres, de repente vieron como se soltó y venía hacia ellas corriendo alocadamente. Se quedaron paralizadas. Lo veía avanzar y sintió un enorme miedo.

¡Iba hacia ella! -así lo percibió- y a diferencia de las demás niñas que observaban quietecitas, salió del grupo y echó a correr todo lo que sus piernas le permitían. Al ver que corría el perro detrás de ella, comenzó a hacerlo más rápido pero no sirvió de nada porque el perro le dio alcance, se cayó al suelo y el animal puso sus dientes en un lugar reservado pero muy apetitoso ¡una de sus nalgas! y dándole un mordisco tranquilamente se fue. Quedó llorando tirada en el suelo, enseguida vinieron las amigas que la llevaron a casa, allí limpiaron su herida y tranquilizaron su ánimo.

Más adelante volvería a tener otro episodio relacionado con los perros.

En León cursó ingreso de bachiller con buenas notas, era una alumna buena, tranquila y obediente, aunque algo ingenua. Casi siempre estaba en el cuadro de honor por su buen comportamiento, llevaba una banda de color rosa cruzada en el pecho con letras doradas que relucían y que decían "Por buena conducta" muy al contrario de los hermanos que siempre fueron traviesos e inquietos. Añadiría que era una niña excesivamente tímida, sentía vergüenza en cualquier situación y se sonrojaba rápido cuando la miraban fijamente pero nadie sabía, solamente ella, el mundo tan maravilloso que guardaba y que no mostraba a nadie.

CAPITULO III
GALICIA ENTRAÑABLE

Todos los veranos desde que cumplió dos años, Sofía guarda con enorme cariño el recuerdo de los viajes en tren a Galicia cuando venían las vacaciones. Los vivía como si de una aventura se tratara, le hacía feliz viajar a un lugar diferente lleno de colores, olores y misterios, iba con su madre, la abuela, los hermanos y casi siempre alguna amiga de la madre que era invitada a pasar unos días en el pueblo.

El viaje era muy largo, su madre preparaba innumerables maletas y bultos de mano para pasar los tres meses. La noche anterior no podía dormir pensando en el día siguiente. Salían de León, pasaban toda la noche viajando y llegaban muy temprano al día siguiente. Se despertaba con el ruido de la estación y el acento gallego de la gente que proclamaba a gritos la venta de maravillosos bollos y mantecados. Bajaban del tren cargados de maletas, llevando las hermanas el bulto de mano que la madre colocaba a cada una con gran responsabilidad para que no se perdiera. A ella le correspondía el bulto de la manta de viaje bien enrollada y cerrada por dos cinturones de piel y un asa metálica trenzada y flexible que agarraba con fuerza.

Cuando llegaban a Redondela tomaban otro tren que los dejaba en el pueblo donde había nacido el padre y finalizaba el viaje que había durado alrededor de doce horas. Llegaban, cansados, sucios, la cara llena de carbonilla, muy diferentes a cómo partían, pues la madre tenía la costumbre, ella no ha entendido la razón, de vestirlos de blanco para viajar.

Estaban felices y contentos por los días estupendos que iban a disfrutar.

Los primeros años iban a la casa principal de los abuelos donde había nacido el padre. La casa era grande, de piedra y estaba en lo alto del pueblo, tenía una cocina también de piedra con el horno para cocer el pan, la "lareira" gallega donde se cocinaba y una mesa con dos bancos que cuando no se usaban para comer se colgaban a la pared y así quedaba un gran espacio diáfano en el centro. Con la mirada de una niña, la cocina siempre le parecía como si estuviera sacada de un cuento y cuando joven visitó en Padrón la casa de Rosalía de Castro, comprobó que la cocina era similar a la que existía en casa de los abuelos, aunque ésta era más grande.

La casa estaba situada en un lugar rodeado de pinares, aún conserva en la memoria su agradable olor. Vivía el abuelo, la abuela había fallecido y recuerda con ternura su imagen, pequeño, aseado, con boina y unos enormes coloretes en las mejillas por la buena vida de campo que llevaba. Se sentaba en un banco de piedra situado en el portalón de entrada a la casa con un cesto de manzanas asadas que iba repartiendo a las nietas y a todos los niños que se acercaban.

No se acuerda de su muerte y la información posterior que tiene es a través de la madre quien mantuvo con él una estupenda relación, tanto que en una ocasión intentó convencerla para que construyeran allí una casa y así disfrutarla en vacaciones. Como regalo hizo talar árboles para construirla. Decía convencido:

"Eu penso que si non tes casa, non terás futuro"

Los padres hicieron caso al abuelo y decidieron construir la casa para los veranos. En un principio a Sofía le parecía enorme, situada al lado de un pinar, tenía dos pisos, un desván, un patio y una huerta muy larga con salida hacia el monte. Allí en los pinos cercanos a la casa la abuela colocó un columpio y todas las mañanas saltaban de la cama y corrían a columpiarse hasta que la madre en voz alta desde una ventana decía:

"¡Hijos, venid a desayunar!"

Siempre se hacían los remolones porque tenían que hacer una especie de ritual infantil cantando en el columpio:

"Una de propina, otra de regalo para que te acuerdes del año pasado"

Y hasta que no lo decían no iban a desayunar.

Al final de la huerta había un portalón de salida al monte y por esa puerta salía la abuela. Volvía siempre con tomillo, lavanda y piñas que le gustaba recoger. Desde arriba se divisaba la ría y en lo alto respiraba mucho mejor ya que no le atacaba el asma que padecía.

Sofía conserva un recuerdo que ahora le produce una gran sonrisa pero cuando ocurrió por la poca edad, alrededor de seis años, lo pasó bastante mal. Las dos hermanas iban siempre con los niños y niñas de pueblo a jugar, ella observaba lo que hacían para después intentar hacerlo. En esa pandilla había niños de varias edades, alguna y alguno mayores.

Un día de verano fueron al campo a jugar, llevaban las dos hermanas unos vestidos muy bonitos confeccionados por la madre, bordados con pequeños bodoques en un enorme volante alrededor del cuello de color rosa pálido. Los amigos empezaron a subirse a un árbol grande, cree recordar que era un cerezo. Clara comenzó a trepar, todos la aplaudían porque subía muy rápido, siguieron subiendo más niños y Sofía fue de las últimas. Trepó con dificultad, era una niña gordita y poco flexible, con tan mala suerte que cuando estaba arriba y aplaudían los amigos, seguramente halagada por los aplausos, no midió bien el esfuerzo y cayó desde lo alto del cerezo chocando fuertemente contra el suelo y golpeándose el estómago, justo en un lugar donde el terreno tenía una profunda hondonada.

Se dio con tal fuerza que quedó sin sentido. Todos se quedaron en silencio asustados, no sabiendo que hacer. Menos mal que en ese momento pasaba un amigo de la familia y al ver la situación, se acercó y dándole un par de cachetes reaccionó inmediatamente. El desmayo desapareció de un plumazo. El vestido quedó roto por muchos sitios, sobre todo por la zona de los bodoques que con tanto esmero había bordado la madre. No podía dejar de llorar. ¡Menuda regañina tendría al llegar a casa!

Solo pensaba en su madre y el vestido roto. Entró en el salón y había una visita. Estaban charlando de forma tranquila la madre y una amiga, se acercó a ellas y se quedó quieta, cuando la contemplaron hubo unos segundos de silencio, luego la madre reaccionó:

"¡El vestido! ¡Has roto el vestido! Pero ¿cómo ha sido? ¡Estás hecha una pena!"

A pesar de que lloraba, la madre le dijo enfadada:

"Estás castigada y añadió ¡vete ahora mismo a la cama sin cenar!"

La amiga que estaba allí intentó mediar, pero la madre siguió con la misma intención y volvió a insistir:

"Despídete y da un beso. ¡A la cama sin cenar!"

Se fue al dormitorio llorando sin parar y pensando que ya no la querían por haber destrozado el precioso vestido. Además, no había tenido ocasión de enseñar los golpes que tenía en las rodillas y pensaba que seguro que si los hubiera visto su madre la habría perdonado.

Fue la única vez que la madre actuó de esa manera, aunque tenía sus razones como al pasar los años confesaría:

"Estaba orgullosa del vestido y como tenía una visita quise hacer valer mi posición de madre" decía.

¡Que tenía que ver el vestido con la cena! pensaba Sofía y seguía pareciéndole ilógico el castigo. ¡Vaya día! no pudo continuar jugando, se hizo daño, recibió un par de cachetes y al final no cenó. Se sentía la niña más desgraciada del mundo.

Cuando iba a comenzar el curso de primero de bachiller se fueron a vivir a Galicia. Allí estuvieron hasta que cumplió la edad de catorce años. Esos años le producen sentimientos encontrados por varios motivos, tristes porque las dos hermanas, a diferencia de los hermanos que estudiaban en el pueblo, estuvieron internas en un colegio de monjas, San Felipe Neri, alejadas de la familia diez kilómetros y muy alegres porque en las vacaciones tenían toda la libertad de un pueblo pequeño donde hay mucha familia y todo el mundo se conoce.

En el colegio hizo dos amigas con las que disfrutaba de buenos momentos y ha sido una pena que la distancia no haya permitido continuar esa buena amistad pero la vida trae sorpresas. Al transcurrir muchos años y de forma casual, contactó con una de ellas a través de una red social. Resultó muy agradable hablar de los años del colegio.

Las nuevas tecnologías aunque han despersonalizado las relaciones de amistad, en casos como éste permiten la comunicación con personas que han estado en tu vida que de otra manera hubiera sido imposible localizar.

Como Clara era muy divertida y tenía madera de líder, la seguía a todas partes y disfrutaba con los amigos de juegos sencillos.

Viene a su memoria el recuerdo de una amiga que vivía en el pueblo cerca de la estación. Su madre era entrañable, buena repostera, siempre les daba dulces que preparaba con paciencia y como buena golosa que era le gustaba subir a su casa.

Una tarde en la que estaban comiendo a dos carrillos los ricos dulces, llegó el amigo que le había dado los cachetes cuando cayó del cerezo, se acercó a saludarlas y mirándola con detenimiento dijo:

"Sofía, tienes las rodillas más bonitas que he visto"

Se puso colorada con un enorme calor en la cara y no supo que contestar. Muchas veces ha mirado sus rodillas y las ha visto iguales a todas, sin nada especial.

En el banco de la estación del pueblo, lugar de encuentro de todos los amigos, se reunían para contar historias de aventuras, intriga y amor. Otras tardes preparaban la merienda para ir cuando subía la marea a bañarse a la ría cerca de un molino o, en algunas ocasiones, a robar fruta a las fincas cercanas, fruta que tenían en su huerta pero la robada era mucho, pero mucho más rica.

Sofía tuvo otro episodio con un perro en esa época, fue una tarde en la estación del pueblo, estaba botando una pelota tan tranquila y de pronto apareció un perro, la miró y se lanzó hacía ella dándole un mordisco en la pantorrilla. Pensó que por qué lo había hecho si estaba completamente ajena al perro y en esta ocasión no había corrido. No lo entendía, atraía a los perros, seguramente los perros percibían su rechazo. Lo recuerda y se ríe pero entonces tuvo miedo, tanto que cuando veía un perro cruzaba de acera haciéndose la despistada mirando con disimulo hacia otro lado.

Otro día para divertirse alguien decidió con los amigos ir a por ciruelas a una huerta, los vio el dueño y salió rápido como un rayo. Para que no fueran reconocidos todos echaron a correr y ella tropezó cayendo al suelo dándose un buen porrazo. No la pilló el dueño de milagro. Los amigos estaban muy lejos para ayudarla. Corrían con miedo al sálvese quien pueda.

En el internado no lo pasaba muy bien por su timidez y los pocos años que tenía, menos mal que estaba su querida hermana y las dos se salvaban de situaciones complicadas, en algunas ocasiones la mayor ayudaba a la pequeña y en otras lo hacía ella cuando la hermana se metía en travesuras ya que se consideraba, a pesar de ser menor, responsable. Los secretos de las dos eran siempre muy bien guardados.

Tenían un dormitorio amplio con ventanas que daban al bosque, así se llamaba a los jardines y la huerta que rodeaban el edificio, un antiguo pazo. La monja que las cuidaba era gruesa como una bola, su cara siempre estaba enrojecida debido a la gordura y a la cantidad de ropa que llevaba encima.

Esa monja les producía a todas mucha curiosidad, cuando estaban en el dormitorio querían saber cómo era sin el hábito y la toca. Aunque dormía en una especie de celda cerrada con gruesas cortinas, las internas tenían mucho interés en levantarlas y verla. Al final lo consiguieron, la vieron con un camisón enorme de tela fuerte, de color ocre y feo. Menuda decepción, estaba peor que con los hábitos. Tenía el pelo cortado a tijeretazos con rabia. Ese día no pudieron conciliar el sueño por las risas que provocó en ellas su fealdad.

En aquella época estaba en el colegio otra monja muy seria que también cuidaba el dormitorio. Sofía siempre se alejaba de ella y no se ponía a su alcance porque cuando la veía quería siempre peinarla, decía que tenía un pelo maravilloso y le gustaba cepillarlo. Algunas veces le hacía trenzas y cómo la peinaría que dejaba el pelo tan tirante que al rozarlo con los dedos le dolía la cabeza.

Cuando finalizaban los cursos en el colegio, representaban una obra de teatro y en una ocasión tuvo que actuar nada menos que de Virgen María. Por la mañana no se pudo escapar de la monja que la cepilló el pelo dejándolo suelto:

"Vas a realizar un papel muy importante en la obra, las niñas van a actuar a tu alrededor pero tienes que estar toda la función quieta, muy quieta en un pedestal. No podrás moverte, representarás a la Virgen María y llevarás en los brazos un ramo de flores. Hasta que no termine la función deberás permanecer quieta ¿lo has entendido?"

Decepcionada por el papel que iba a representar, pues le hubiera gustado otro más movidito, contestó que sí. Ojalá hubiera actuado como bailarina de ballet, gimnasta, animalito del bosque, incluso flor o una planta pero de ¡estatua!

Fue un tormento aguantar cerca de dos horas en posición estática con los brazos cruzados, para las flores también fueron demasiadas horas pues, poco a poco, se fueron marchitando y cayendo algunas del ramo.

¡Que desastre! Vaya papel más soso, estar quieta todo el tiempo, menos mal que enseguida se dejó llevar por la música maravillosa que oía y pudo aguantar. En cambio, su hermana Clara con las de su clase realizó una serie de ejercicios de gimnasia alrededor de la "estatua" como ofrenda a la Virgen muy bonitos. ¡Por lo menos tenían movimiento!

Aún conserva el grato recuerdo de las mañanas en el colegio en las que tenía que madrugar para preparar los exámenes. Le gustaba disfrutar del olor de la primavera que entraba por las ventanas de la clase que daban al bosque pues olía a todo tipo de plantas y árboles. Aprovechaba concentrada muy bien el tiempo para obtener una buena nota y así al finalizar las horas de estudio poder disfrutar del tiempo libre en el jardín cerca de un árbol, testigo mudo de todos los secretos y las aventuras compartidas que siempre recordará con nostalgia, un magnolio de muchos años que algunas veces todas abrazaban.

Contaban los días que faltaban para la fiesta de despedida del curso y en los chicos de familiares de alumnas que vendrían a ver la obra de teatro.

Algunas veces y sobre todo en buen tiempo, capitaneadas por Clara entraban en la huerta a través de un seto enorme, en el que previamente habían hecho un hueco para colarse. Robaban ciruelas que aún no estaban maduras, pero no les importaba, se las comían por la noche en la habitación intentando callar los ruiditos al crujir cuando mordían la fruta aún verde. Más de una compañera se puso mala.

Un día después de hacer lo mismo en varias ocasiones, la monja que cultivaba el huerto las vio, rápidamente tomó nota y fue a contárselo a la superiora. Se formó un gran revuelo, reunió a las internas e intentó que confesaran el robo y el nombre de la que había tenido la idea pero nadie habló, así que todas sufrieron castigo y estuvieron en el estudio varios días en lugar de ir al recreo.

En el internado ocurrió un episodio de los que ella no se olvidará por lo injusto y desagradable que fue.

Por las noches en el comedor ponían el postre en platos pequeños colocados de forma simétrica en una de las largas mesas a la entrada. Iban en fila de a dos y al sonido de la chasca, pequeño instrumento similar a las castañuelas aunque más plano que ellas, se sentaban en sus respectivos lugares, que siempre eran los mismos. Un día desapareció un plato con el postre que casi siempre se trataba de fruta, flan o galletas.

A la mañana siguiente tuvieron que permanecer en pie antes de desayunar porque quería hablarles la madre superiora. Sofía estaba, al igual que muchas compañeras, asustada. La monja se acercó y fue preguntando a cada una si había sustraído el postre, cuando llegó a su altura se puso colorada como un tomate y dijo que ella no había sido y lo hizo con vergüenza por el mucho respeto que le inspiraba la persona que tenía enfrente.

Fue llamada al despacho de la tutora por la tarde e insistía en que dijera la verdad, que no iba a pasar nada. Ella repetía y repetía que no había sido, se puso a llorar y se fue al dormitorio. Cuando llegó a verlas su madre el fin de semana, se lo contó y fue a hablar con la superiora, no sabe lo que hablaron pero tranquilizándola le dijo:

"Hija, no te preocupes. Todo está arreglado. Han confesado la culpa. ¡Olvídalo!"

Volvieron a las clases, notaba que la miraban de forma extraña las compañeras y es que nadie, ni la tutora, ni la superiora habían aclarado que ella no había sido. Tampoco dijeron quien lo había hecho y durante unos días quedó como culpable sin serlo, todo a causa del acaloramiento y por la timidez que sentía en esos años cuando se dirigían a ella. Luego el tiempo puso las cosas en su sitio pero nadie se disculpó.

Las notas de Clara no eran buenas, las suyas eran mejores tanto que aunque iba en un curso anterior llegó el momento en que coincidieron en la misma clase. Su hermana era una niña inteligente pero estudiaba menos. No se concentraba en el estudio porque se comunicaba más. Algunas veces por la forma de ser muy alegre y charlatana, a ella le hacía sentir incómoda ya que no admitía todo lo que hacía y decía.

En una ocasión tenían clase de latín en la torre, una habitación pequeña y cuadrada como correspondía a la parte más alta del pazo. Impartía la clase un sacerdote que imponía mucho respeto, entregaba los exámenes corregidos a cada alumna y al entregarlos citaba en voz alta la nota.

En una prueba, cuando le llegó el turno a Clara, le dijo al entregar el examen:

"Ha obtenido usted un cuatro, por lo tanto se examinará en septiembre y tendrá que estudiar todo el verano"

Clara volvió a su pupitre cabizbaja, de repente levantó la mano pidiendo permiso para hablar:

"He mirado el examen y no estoy de acuerdo con la nota, merezco un aprobado" dijo.

Como puso en duda el buen hacer del profesor, éste dijo que se acercara a la mesa, pidió su examen y sin decir palabra dibujó con fuerza y apretando el grueso lápiz rojo que tenía en la mano, un enorme cero en el centro de la hoja.

Sofía se sentía mal por lo que su hermana estaba sufriendo pero no podía hacer nada y pensó que si hubiera permanecido en silencio por lo menos tendría un cuatro y no el rojo cero que le había puesto.

Clara era especial y ella sentía admiración por su alegría, espontaneidad y bondad. Se encontraba bien con niños de su edad y también con ancianos y bebés a los que adoraba. Los niños iban detrás y los mayores siempre tenían una palabra amable o una sonrisa. Se entregaba de tal manera a los demás que provocaba la necesidad de corresponder a su afecto.

Como todos los veranos, en una ocasión la madre invitó a pasar unos días a su amiga a la que consideraba como la hermana que no tenía, aunque en opinión de Sofía para su madre todas las amigas eran buenas y no le gustaba que hubiera tropiezos o discusiones. Tenía la facultad de unir a las personas y si en un momento alguna de ellas se enfadaba, actuaba limando asperezas y quitando importancia al motivo de ese enfado.

Ocurrió algo divertido con esta amiga, muy gordita, buena persona aunque muy miedosa. Los cuatro hermanos imitando a Clara decidieron dar un susto a la amiga y entraron en la cocina donde se encontraba la madre y la amiga charlando tranquilamente. Llevaban un palo largo y al final una especie de trapo irregular negro. Entraron gritando como energúmenos:

"¡Un ratón! ¡Un ratón!"

La madre se quedó indiferente, conocía bien a sus hijos, pero su amiga se puso nerviosísima y se subió a una banqueta dando grititos, resultaba cómico ¡tan redonda y gordita subida a una pequeña banqueta y manteniendo a duras penas el equilibrio! La madre se enfadó mucho con esta travesura.

Otro episodio relacionado con el miedo de esa amiga, ocurrió un día de tormenta en que llegaban a casa ya tarde y no había luz. Todos tropezaron asustados y allí estaba la amiga dando grititos y diciendo que tenía miedo, que no podría acostarse sin mirar por si había alguien en el desván. Todos sonreían, al final para tranquilizarla subieron en fila uno detrás de otro con una vela. No había nadie y durmieron tranquilos. Las tormentas en Galicia son muy fuertes y si ocurren por la noche la imaginación se desborda.

En otra ocasión ocurrió una travesura divertida protagonizada por los cuatro hermanos. Clara y Sofía dormían en una cama de madera, de color rosa muy femenina, esa cama era la que utilizó la madre de soltera y había sido trasladada a Galicia. Tenía unos dibujos de flores pequeñitas pintadas en el cabecero.

En familia las habitaciones siempre tenían que estar abiertas, supongo que esa norma fue establecida por la abuela y la madre estuvo de acuerdo. Así podían controlar mejor las fechorías.

Una mañana estaban los cuatro leyendo tebeos, Carlos y Eduardo en su habitación y ellas en la preciosa cama rosa, cuando la madre les llamó para desayunar. Los cuatro hicieron caso omiso y siguieron leyendo.

De repente Clara dio un grito y esta vez era verdad.

"¡Un ratón, un ratón!"

Vieron un ratoncito de monte pequeño que seguramente había entrado desde la huerta y corría por la habitación intentando buscar la salida. Con el jaleo Carlos y Eduardo se acercaron, se subieron a la cama y empezaron a reírse de ellas saltando como dos brutos.

La madre llegó con una escoba, enfadada porque no habían hecho caso de su aviso para el desayuno, entró y empezó a dar golpes al ratoncito al que no consiguió alcanzar pero lo que sí sucedió es que la cama de pronto empezó a ceder muy despacio y se hundió lentamente cayendo al suelo con las cuatro patas hacia fuera porque no soportaba el peso de los cuatro. No podían parar de reírse, la madre al principio se quedó paralizada y muy seria contemplando le escena, luego comenzó a reír también.

Aún tiene guardados la risa, el ratón y la cama yendo al suelo despacio con los cuatro muy sorprendidos.

Disfrutaban mucho del pueblo, sentían que formaban parte y parecía como si fueran de allí. En verano, siempre se celebran fiestas patronales, aunque no sean necesariamente en las fechas señaladas por el calendario. Se decide en función del tiempo que hace en esa época y no en otras en las que seguramente llovería.

Siempre iban a las verbenas, primero por la tarde a comprar chucherías, en concreto las famosas rosquillas, luego a subirse a las barcas y después de cenar volvían a bailar al sonido de la banda de música, hasta que de madrugada terminaba la verbena con una traca de cohetes y regresaban a casa contentos y felices. Les permitían llegar tarde y es que en el pueblo no había peligro.

En el verano de 1958, un día en la comida a los postres la amiga de la madre comenzó a hablarles de Madrid, a recordar tiempos pasados cuando las dos habían vivido en su juventud durante los años de la guerra civil y posteriores.

En un momento Clara preguntó:

"¿Mamá, por qué no nos vamos a vivir a Madrid?"

A esa pregunta los demás hermanos contestaron un sí lleno de entusiasmo, les parecía una gran aventura. La madre, después de intercambiar una mirada con su amiga, contestó:

"Pero cómo vamos a ir ¡que disparate! si no tenemos casa allí y ¿los colegios de los niños? No puede ser"

Su amiga le dijo que eso no era impedimento, puesto que estaba su casa y estaría encantada, tanto ella como su marido, de compartirla. En relación con los colegios decía que antes de que comenzara el curso habría tiempo para hacer la matrícula. Los cuatro saltaban contentos haciendo preguntas de todo tipo.

"¡Lo primero que voy a hacer es subir en un trolebús y también ir en el metro!" decía Clara.

Tanto se fue animando el tema que en un momento convencieron a la madre, volverían a Madrid la ciudad en la que había vivido, pero dijo que lo pensaría bien y decidiría antes de acabar las vacaciones. Transcurrieron los días y Clara en cualquier ocasión recordaba el tema del viaje a

Madrid para que no cayera en el olvido y sus tres hermanos se unían a la petición.

CAPITULO IV
DE NUEVO MADRID

No recuerda cuando definitivamente se tomó la decisión, pero sí cuando se realizaron los preparativos para ese viaje tan importante a Madrid. Sucedió al final de las vacaciones, la madre era una mujer decidida y valiente, tenía plena confianza en su amiga ya que esa decisión no era fácil, se iba a trasladar con los cuatro hijos y con su madre a Madrid que aunque lo conocía bien, regresaba en otro momento y en otra situación. Había salido de la ciudad con el marido, su madre y dos hijas y volvía sin él porque estaba trabajando lejos.

El día anterior a la salida fue complicado, pero la madre hacía fácil lo difícil, ella cargaba con todo el peso de las tareas. Como el tren salía muy temprano y tenían que madrugar, bañaba a los cuatro hijos por la noche con la ayuda de la abuela, preparaba la ropa que se pondrían para el viaje casi siempre de blanco, hacía las maletas y liaba los bultos de mano. Y cuando la casa estaba en silencio durmiendo todos, enceraba el piso de madera con una máquina pesada de hierro que parecía de otro planeta y lo hacía para que permaneciera bien hasta que volvieran que ya sería el verano siguiente.

¡Cuántas veces los cuatro hermanos siendo niños han patinado con calcetines por ese suelo de madera encerado deslizándose con gran facilidad!

Viajaron a Madrid en un tren hasta Redondela y luego en otro que llegaba directamente a la Estación del Norte llamada Príncipe Pío. Los bultos de mano fueron distribuidos y a ella le correspondió la manta de viaje como en otras ocasiones. Fue como una gran aventura, Madrid era la gran ciudad llena de bullicio y de cosas buenas, además irían a otro colegio y externas.

Iban a vivir con la amiga de la madre y su marido, personas de una enorme calidad humana que enseguida les mostraron cercanía y cariño. La casa parecía diferente a todas, pequeña, acogedora y con un sello especial, el olor a limpio y a madera. Sofía conserva el recuerdo de un brasero brillante a los pies del perchero de la entrada, que no se usaba, la campanilla dorada de la puerta para llamar, siempre reluciente, que a los cuatro hermanos, sobre todo a Carlos y Eduardo, les gustaba tirar de forma reiterada cuando llegaban del colegio. Lo hacían repetidas veces con el enfado de los mayores que les regañaban pero con una sonrisa, así que lo volvían a repetir todos los días.

Como estaban a comienzos de curso, la madre conectó con varios colegios, al final las dos hermanas irían a Santa Isabel y sus hermanos a San Antón.

Vivieron en esa casa algún tiempo esperando que la empresa en donde trabajaba el padre acabara un edificio de viviendas que iban a entregar. Fueron días estupendos llenos de alegría en casa de la amiga. Los domingos venía su familia a comer y se tardaba tiempo en levantar la mesa porque la charla era entrañable y divertida.

Por la tarde iban al cine los cuatro hermanos, aún permanece en el recuerdo de Sofía tres películas maravillosas: "El temible burlón" de aventuras en la que actuaba Burt Lancaster, "La promesa" en la que separaban en una familia a los hermanos y lloraron mucho porque se identificaban y la tercera, "Emilio y los detectives" de acción en la que actuaban niños.

Uno de los domingos en que había venido el padre a pasar unos días y como en otras ocasiones iban a ir los cuatro al cine, muy serio les dijo:

"Primero tenéis que realizar un problema de matemáticas y cuando lo terminéis, podéis iros"

Y en la mesa del comedor los cuatro se pusieron a hacer los ejercicios, Sofía sudaba tinta y lo pasó fatal, entonces las "matracas" como las llamaban en el colegio se le daban muy mal. Fue la única asignatura que suspendió en primero de bachiller.

No recuerda si terminó el ejercicio o se cansó el padre de esperar pero al final dejó a los cuatro ir al cine.

No entendía al padre que lo pusiera tan difícil para los pocos días que estaba con la familia. Con el tiempo comprendió al padre y aprendió la lógica de las matemáticas.

Empezaron con entusiasmo el colegio. Las dos hermanas salían juntas por la mañana temprano, iban caminando por la Calles Barquillo y Fernando VI, dejaban atrás la SGAE y al llegar a la Calle Hortaleza cruzaban y entraban, lo hacían por la puerta principal pues estaba a un lado una pequeña puerta solidaria que daba a un patio y ella la llama así porque a través de esa puerta daban las monjas alimento a los pobres, aunque también servía de entrada a clase de las niñas con un nivel económico distinto, situación que se daba en muchos colegios religiosos en esos años. Esas niñas no llevaban uniforme pero sí babi como todas las demás.

Salían de clase a la una de la tarde, iban a comer y regresaban a las tres y media hasta las seis o seis y media, antes disfrutaban de un recreo y comían los bocadillos para la merienda que les preparaban en casa.

Un día, la tutora telefoneó a la madre:

"Una de sus hijas, Clara, no merienda"

"Pero si al igual que su hermana, todos los días le doy un bocadillo para merendar. No entiendo que es lo que hace" contestó.

Después de observarla durante algunos días, comprobaron que no merendaba ni tampoco llegaba al colegio con el bocadillo.

Sofía sabía lo que hacía su hermana con la merienda, pero era un secreto y había prometido guardarlo.

Después de mucho insistir, Clara confesó a su madre que el bocadillo se lo daba a una viejecita que pedía comida a la puerta del colegio.

"Pero hija, no puedes quedarte sin merendar"

"Se lo tengo que dar, me da mucha pena porque podía ser mi abuela pero no te preocupes mamá que Sofía me da la mitad de su bocadillo" contestó.

Entre las dos, la abuela y Clara, existía un lazo muy fuerte de cariño.

CAPITULO V
TRISTEZA

Llegó la Navidad y con ella las vacaciones, las clases se interrumpían, el padre estaría en casa y habría regalos. Todo era optimismo, fueron unos días felices aunque el padre tuvo que marcharse antes de Reyes porque le reclamaban en su trabajo y se quedaron los hermanos esperando que llegara ese día para recibir los regalos. Al final llegaron los Reyes y hubo regalos para todos.

Reanudaron las clases con cierto pesar, se acababa lo bueno y tenían que estudiar, las hermanas compartían clase porque Clara repetía curso por haber suspendido la reválida.

Sucedió algo muy triste que nadie pudo prever, por lo rápido que sucedió.

Clara se quejaba de la cabeza y nadie le dio importancia, en clase algunas veces decía que le dolía y en una ocasión la vio adormilada encima del pupitre. Lo decía cuando llegaba a casa, tomaba una aspirina y el dolor desaparecía. La madre pensó que era debido a la graduación de sus gafas porque hacía tiempo que un oftalmólogo no la veía, así que llamaron para pedir cita. Irían a consulta el día dieciséis de enero a las trece horas, tiene grabados estos datos porque quedarían para siempre en su memoria y cambiarían su vida.

En la noche anterior mientras dormían, Sofía oyó movimientos en la casa y se despertó. Eran alrededor de las dos y media de la madrugada, la madre estaba desolada, la abuela que llevaba varios días enferma se encontraba peor, le costaba respirar debido al asma y no podía dormir a pesar de que lo hacía hacia delante apoyada en un enorme almohadón.

Al transcurrir unos minutos se temió lo peor y fueron avisados por la madre los cuatro hermanos para que dieran un beso a la abuela. Entraron en el dormitorio, Clara peinó el cabello de la abuela colocando en alto su moño para que estuviera más cómoda, le dieron un beso y salieron de la habitación. Al transcurrir unas horas la abuela falleció.

Luego hubo prisas, hablar muy bajito, nerviosismo, idas y venidas al dormitorio y llamadas por teléfono. Cuando transcurrieron algunas horas, llegaron unos hombres que a ella le parecieron siniestros por las ropas oscuras que llevaban, entraron en la habitación donde estaba la abuela, permanecieron un tiempo y salieron con ropa y un bolso grande.

Las dos hermanas se asearon y obedeciendo a su madre se pusieron los uniformes del colegio al ser los más apropiados por su color azul marino.

Comenzaron a llegar personas para dar el pésame, la casa se llenó de voces hablando en un susurro. Desayunaron los cuatro y la madre decidió que irían a casa de una prima suya que vivía por la zona de Argüelles, allí se quedarían unos días. Las dos dijeron llorando que querían quedarse con su madre, al final cuando vino el familiar se marchó acompañado sólo de los hermanos pequeños.

Como tenían la consulta con el oftalmólogo, la amiga de la madre comentó que, a pesar de lo ocurrido llevaría a Clara al médico. Volvieron muy pronto, ella venía desencajada y tenía los ojos hinchados de tanto llorar, el médico comentó que la niña estaba tan nerviosa y afectada por la muerte de su abuela que prefería verla cuando pasaran algunos días.

Llegó la hora de la comida y aunque no tenían ganas comieron algo. Clara había vomitado y comenzó a sentirse mal, lloraba y le dolía la cabeza, estaba fuertemente impresionada con la muerte de la abuela, le dieron una aspirina con un vaso de agua y le dijeron que se acostara en el diván de la salita que estaba situada junto al comedor.

Habían venido familiares de Galicia y amigos, estaban consolando a la madre cuando en un momento se oyeron ruidos extraños, procedían de la habitación donde se encontraba Clara, se acercaron y abriendo las puertas correderas entraron todos.

Allí estaba tumbada en el diván debatiéndose entre la vida y la muerte. Resultaba extraño y misterioso. Todos los que estaban allí no se daban cuenta de lo que en realidad estaba sucediendo.

"Hija, hija mía ¿Qué te pasa?" decía la madre

Y le daba pequeños golpes en la mejilla para que reaccionara. Uno de los familiares de Galicia le hizo la respiración boca a boca.

Clara intentaba hablar y no podía, solamente emitía sonidos que nadie entendía y al mismo tiempo estiraba sus brazos como si quisiera abarcar a todos los que estaban allí en un último abrazo de despedida.

El marido de la amiga, rápidamente llamó por teléfono y a los cinco minutos llegó un médico transportando un maletín grande. Dijo que salieran todos de la habitación, cerró las puertas y allí permaneció por espacio de unos minutos que a todos parecieron horas. La madre no dejaba de llorar y todos los que estaban allí intentaban permanecer serenos a su lado. Sofía se quedó paralizada.

Cuando salió el médico de la habitación, su cara era lo suficientemente expresiva, sin decir palabra se acercó a la madre, pidió un vaso de agua y le dio un sedante para que lo tomara. La madre comprendió que para siempre se había ido su querida hija y se puso a llorar desconsoladamente.

Sofía con los pocos años que tenía, catorce, sintió que su pequeño mundo se desmoronaba y se estremeció. Permaneció llorando como testigo impasible y pensaba que lo que estaba viviendo no podía ser real.

El médico comenzó a hablar sobre la autopsia y entonces la madre impulsada como por un resorte se levantó de la silla y dijo:

¡Nadie va a tocar a mi niña! Nadie…"

Viendo el estado en que se encontraba la madre y comprendiendo su sufrimiento, el médico contestó:

"Tranquila, su hija ha muerto por causas naturales"

Se acercó a la mesa del comedor y extendió el correspondiente certificado de defunción, así como también numerosas recetas. Luego, trasladaron a Clara al dormitorio grande situado cerca de donde estaba la abuela, allí permanecería hasta la mañana siguiente.

Sofía iba de un lado a otro y observaba asustada una situación que no entendía. Entonces consideraba que la muerte era algo muy lejano, cosa de mayores, no podía admitir que ocurriera en una niña de quince años, no tenía lógica. Pensó que se habían equivocado, no podía ser y en uno de los innumerables paseos entró en los dormitorios sin que la madre se diera cuenta. Se quedó pensativa mirando y luego se acercó a su querida hermana vestida de blanco y azul con los pies guardados en unos calcetines también blancos confeccionados por la abuela y en las manos muchas flores. Estuvo observándola unos minutos, parecía dormida y pensó que todo era mentira y que iba a respirar de nuevo, entonces con uno de sus dedos tocó la cara de su hermana. En ese momento percibió su frialdad y muy asustada, salió apresurada fuera del dormitorio llorando.

Avisaron al padre que estaba lejos y a la mañana siguiente muy temprano, cuando todos estaban completamente abatidos llegó a la casa, entró muy deprisa preguntando por su hija y tan afectado estaba que no se percató de que había pasado cerca de ella.

Se abrazó a su mujer llorando. A Sofía le impresionó el llanto de su padre un hombre al que consideraba tan firme y seguro. Su hija, la mayor, por la que sentía predilección, había muerto. No se cansaba de hacer preguntas de cómo había ocurrido, él creía cuando venía de camino que habría sufrido un accidente y la encontraría con vida.

El día del entierro fue conmovedor, un coche de color blanco y otro negro. Ahora que Sofía es madre y abuela piensa cómo debieron sufrir sus padres, sobre todo la madre cuando en el mismo día tuvieron que decir adiós a su madre y a su hija. Tiene en la retina la imagen envejecida de los padres en unas horas, el shock tan fuerte que recibieron les pasó factura a lo largo de la vida. También tiene el recuerdo vivo del vestido y velo negros de la madre, de su hábito de Nazareno rodeado por un cinturón dorado que como promesa llevó durante algún tiempo y los momentos en los que los padres permanecían en silencio, se desplazaban con lentitud y sus ojos expresaban un infinito dolor. La madre decía en muchas ocasiones, recordando el pasado:

"Las situaciones en que nos coloca la vida: mi hija vivió gracias a mi madre y ahora se ha ido con ella"

Luego se resignaba y decía:

"Seguro que estarán muy bien las dos juntas"

Cuando transcurrieron quince días Carlos y Eduardo volvieron a casa, desconoce las vivencias que pueden tener los hermanos de lo que sucedió, seguro que la pena que invadía a todos les afectaría mucho, sólo retiene en su memoria un día en el que el mayor de ellos, Carlos, fue sorprendido llorando en el cuarto de baño leyendo una carta con una orla negra de pésame.

Pasaron los días y los padres pensaron llenos de preocupación que un médico debería ver a los tres hijos porque no se sabían las causas del fallecimiento de Clara. Fueron todos a visitar a uno de prestigio, familiar de un directivo de la empresa amigo del padre. Se trataba del Dr. González-Quevedo y tenía la consulta en la Plaza de Oriente.

Les recibió muy amable, la imagen que tenía delante provocaría en él sentimientos de respeto y ternura. Allí estaban, la madre de riguroso luto, la hija de catorce años con colores serios impropios de una niña y los hermanos de diez y de ocho años.

El despacho de estilo español acompañaba el dolor que sentían por lo oscuro y sobrio que era, había una mesa grande de pesada madera en la que estaban esculpidas caras que no dejaba de mirar Sofía ya que parecían hidalgos con armadura y detrás de la mesa en la pared, un cuadro enorme que llegaba hasta el techo colgado de tal manera que la parte de arriba se separaba y daba la sensación de que el lienzo se acercaba a todos. Les impresionó y se quedaron mirándolo.

El tema del cuadro era el de una joven dormida vestida de blanco tumbada en una cama y en su cabecera, elevado del suelo la figura de Jesucristo extendiendo una de sus manos sobre ella.

Después de sentarse, la madre contó al médico con detalle todo lo que había ocurrido. El médico miró a todos, se quedó pensativo un momento y luego dijo:

"Quédese tranquila, sus hijos están sanos y no les sucederá nada igual. Lo que ha pasado a su hija no ocurre con frecuencia"

"Hemos tenido la misma mala suerte. Igual sucedió a la mía, una joven novicia de dieciocho años que murió del mismo modo"

Miró hacia el cuadro y a su hija diciendo:

"Conozco el sufrimiento que está teniendo y lo siento mucho. Quiero tranquilizarla, sus tres hijos están sanos"

Dándoles un beso les acompañó a la puerta y salieron. La madre se quedó algo más relajada. Sofía aún mantiene el recuerdo del miedo que pasó en aquella casa, tuvieron que transcurrir algunos años para que se diera cuenta de algo importante. La hija fallecida del prestigioso médico era María Teresa González-Quevedo, Teresita, como la llamaban en su congregación de Carmelitas, que ha sido beatificada por el Papa. Se habló poco de este tema para no abrir heridas.

Aquel tiempo lleno de inquietud y dudas le afectó mucho, creía que inexorablemente iba a encontrarse con Clara cuando cumpliera quince años y no podía apartar esa idea.

Sufría pesadillas y en un viaje a Lérida en el que acompañó a su madre para visitar al padre que estaba allí trabajando, de madrugada en la habitación del hotel se despertó llorando por un mal sueño, tuvieron que llamar a recepción para que pusieran una cama sencilla en el dormitorio y allí al lado de sus padres se quedó tranquila y pudo dormir.

Durante mucho tiempo estuvo muy triste, recordaba mucho a Clara con la que había compartido alegrías, secretos y juegos y es que su extrovertida hermana siempre le ayudaba y su compañía hacía que Sofía no tuviera que enfrentarse a la timidez que tenía.

Permaneció al lado de la madre sin separarse de ella porque la veía apagada, dejó olvidadas a las pocas amigas que tenía del colegio y se centró en los estudios. En esos momentos la madre era su mejor amiga.

CAPITULO VI
BUSCANDO EL CAMINO

Sofía se fue acostumbrando a la ausencia de su hermana y aunque la echaba mucho de menos y se sentía triste por su pérdida, el tiempo fue suavizando la herida.

Transcurrieron unos años y se fueron a vivir a un nuevo piso sencillo pero muy soleado, cuyo edificio era propiedad de la empresa donde trabajaba el padre, algo lejos del centro al que estaba acostumbrada la madre pero con el tiempo se acomodó y allí vivieron algunos años. De esa casa Sofía saldría para casarse.

La vida continuó, terminó el bachiller y llegó el momento de decidir que quería estudiar, la madre sugirió Magisterio.

"No quiero estar en un pueblo dando clases" contestó.

No le gustaba la idea, lo que ella quería era incorporarse al mundo, a la ciudad y sobre todo sentirse rodeada de personas. Estaba muy aislada, sólo tenía a la madre a la que adoraba y a las dos amigas de su estancia en Galicia.

Algunos fines de semana se veían y salía con ellas para dar un paseo o ir al cine que a las tres les gustaba mucho.

También, aunque se veían poco, tuvo una buena compañía, la hija de unos amigos de la familia con la que pasó momentos divertidos. Uno de sus amigos realizaba guateques en un local vacío propiedad de su familia y Sofía asistió algunas tardes. Le gustaba bailar, la música que pinchaban en el tocadiscos sobre todo al principio era siempre rock and roll, discos de Elvis Presley su cantante preferido, luego al final de la tarde canciones más melódicas de Doménico Modugno, Charles Aznavour…

Ahora con la tranquilidad de los años vividos, le sigue gustando bailar. También le conmueve la música de Bach y Mozart, disfruta con las sinfonías de Beethoven y admira los maravillosos cantos profanos de Carl Orff en Carmina Burana. Disfruta con la música, arte maravilloso que logra situar con lógica y sensibilidad los sonidos de forma armoniosa para expresar, como en la pintura, infinidad de sentimientos y situaciones que acompañan al ser humano en los diferentes estados de ánimo. Para Sofía la mejor compañía para pintar.

Conserva guardado en un rinconcito, la primera vez que pasó un fin de año fuera de casa. Los padres permitieron que estuviera toda la noche de fiesta con los primos de Argüelles. Se sentía mayor y muy bien por la confianza que habían depositado en ella. Después de la cena estuvieron bailando toda la noche y sobre las seis de la mañana se fueron a tomar chocolate con churros a San Ginés en la Calle Arenal.

Por esos años tuvo el primer contacto con la pintura. En Reyes le habían regalado un caballete y la maleta de pinturas al óleo con los pinceles y paleta. Tenía al igual que los hermanos la habilidad para el dibujo heredada del padre. De la madre fue su enorme sensibilidad.

Recuerda cómo sus hermanos dibujaban en un cuaderno con todo detalle batallitas a las que daban vida con voz incluida, como si de dibujos animados se tratara.

Aún mantiene el olor del óleo cuando pintaba, su intensidad impregnaba todos los rincones de la habitación. Ahora que continúa pintando le sigue gustando ese olor.

Las primeras obras eran un verdadero desastre, pero el cariño de una madre todo lo salva y le animaba a seguir. Le parecía maravilloso lo que hacía y ese empujoncito hizo que Sofía se metiera de lleno en el mundo de la pintura.

Asistió por las tardes durante cinco años a los cursos de dibujo y pintura en un taller cuyo profesor era un hombre admirable, transmitía pasión y entusiasmo.

Al principio las clases eran tediosas porque se quería llegar pronto al color pero antes había que practicar mucho el carboncillo, aprender lo relacionado con la forma, el espacio, la perspectiva, el escorzo y la luz. Luego, cuando se pasó al color y sus matices las clases fueron maravillosas y se sentían felices pintando.

En principio eran bodegones que el profesor colocaba con delicadeza y era curioso observar cómo ninguno de los lienzos que estaban pintando en clase eran iguales, la manera de ver el bodegón era diferente para cada uno. Los últimos cursos fueron mucho más interesantes, en lugar de bodegones eran modelos que posaban para la clase y durante algún tiempo la figura fue el tema para pintar.

Por aquellos días también aprendió el verdadero significado de la lectura, a la que ha prestado y presta gran dedicación. Leer abrió para ella y lo sigue haciendo nuevos horizontes.

Dados los pocos años que tenía y la falta de empuje, vio como salida prepararse para empezar a trabajar, así estaría en el mundo, conocería gente y se comunicaría. Fue a clases de taquigrafía impartidas por el profesor Martí quien le informó que podría opositar a taquígrafa en Las Cortes, así que cursó los estudios con su método que era entonces el mejor. Acudía a las clases en la Calle de la Cruz donde estaba la Federación y el profesor insistía una y otra vez en que opositara pues veía en ella a una buena funcionaria, pero entonces eso de ser funcionaria lo consideraba algo rancio, ni se lo planteó, aunque si terminó los estudios. Al mismo tiempo inició cursos de inglés porque pensó que sería importante para el futuro.

CAPITULO VII
TRABAJO

Antes de cumplir los veinte años ya estaba preparada para el trabajo, por lo menos eso creía, pero la timidez que tenía le impedía ir más allá, así que pidió a su padre que hiciera lo posible por conseguirle un trabajo.

Se presentó en una empresa que dirigía uno de los antiguos directivos con el que había trabajado el padre. Tuvo que pasar varios exámenes, uno le llamó la atención, se trataba de una prueba psicotécnica que consistía en desarrollar una serie de gráficos, secuencias de números, cálculos y fichas de ajedrez para analizar su capacidad, y aunque era algo nuevo lo hizo bien. Como último ejercicio tuvo que mecanografiar un texto en un corto período de tiempo, ahí falló pues no se había preparado y salió enfadada porque la persona que admitieron lo había hecho peor y pensó que el puesto ya estaba dado de antemano, así se lo hizo saber al padre.

El empresario comentó que estaba verde todavía para el puesto, esa fue la explicación que dio.

Al pasar unos meses llamaron de nuevo de esa empresa y entonces Sofía les contestó que no estaba interesada, pretendía trabajar por la mañana hasta las tres y no en jornada completa como ellos querían. Al padre no le gustó que rechazara a esa empresa, pero ella en su terquedad decía que si no les había parecido bien antes ¿por qué después de tres meses si les gustaba? Se quedó tan tranquila, su orgullo herido se había recuperado.

Siguió insistiendo a su padre y después de algunos intentos que no llegaron a buen puerto, consiguió entrar en un despacho de abogados con jornada de mañana y tarde. Estaba muchas horas al día sola, había muy poco que hacer y llevaba los libros para estudiar así aprovechaba el tiempo.

Un día a primera hora de la tarde estudiando no pudo controlar el sueño y se quedó dormida con la cabeza apoyada en la mesa. Cuando despertó se dio cuenta de que había llegado el jefe y la había visto en esa situación. Sintió vergüenza pero el jefe era tan educado que no hizo comentario.

En esa empresa permaneció poco tiempo, cuando dijo que se iba el jefe insistió para que no lo hiciera, estaba muy contento con ella a pesar de la siesta, pero se fue. Quería un trabajo de media jornada para poder seguir estudiando.

Ella sola se sentía incapaz de buscar un trabajo, necesitaba un empujón. La capacidad de decisión la tuvo cuando pasaron algunos años más y la vida la llevó por otro camino.

El segundo trabajo fue también a través de un familiar, se trataba de una compañía de seguros suiza y tendría que pasar unas pruebas. Llegó el día señalado para que la conocieran, estrenó un vestido rojo precioso confeccionado por la madre que había visto en una boutique. Estrenó también un abrigo de paño azul. El día señalado se preparó antes de salir una tila y se fue a la entrevista. Allí la llevaron al despacho de la persona con la que estaba citada, un hombre mayor que le hizo un examen. Sentía que era observaba detenidamente y se ponía nerviosa, luego sabría el por qué.

Después de presentarle al jefe de personal, fue situada en una sala grande llena de mesas iguales alineadas simétricamente y ocupadas por trabajadores. Le indicaron que se sentara en una silla y dijeron que esperara. Y esperó callada, modosa, con el vestido nuevo que según la familia le sentaba muy bien. Todo el mundo la miraba y no sabía que hacer, luego cuando pasó el tiempo le dijeron que estaba muy guapa ese día.

Delante tenía la mesa vacía mientras todos estaban trabajando en sus puestos, así estuvo un tiempo que a ella le pareció una eternidad hasta que al fin se acercó la persona que le había examinado:

"¡Ah! ¿Es usted la señorita nueva?

Y se quedó callado mirándola por un corto espacio de tiempo:

¡Pues, ya veo como lo lleva de bien!" continuó.

Y todo esto lo dijo mirando la mesa vacía, luego se marchó. Quedó sorprendida y colorada como un tomate, al cabo de unos minutos se levantó y preguntó dónde estaban los aseos, allí rompió a llorar. Fueron unos momentos difíciles porque no paraba de llorar y tardó tanto en salir del aseo que una compañera fue a buscarla y la tranquilizó.

Volvió a la mesa y a la misma situación pensando que seguramente no iba a ser admitida. Todo lo ocurrido llegó a oídos del que parecía culpable del disgusto y le pasaron recado para que fuera a su despacho.

Allí sentada él pidió disculpas sonriendo, dijo que tenía mucho sentido del humor y que no tenía que ser tan susceptible, la miraba fijamente y alteraba más sus nervios, notaba algo en los ojos, no sabía que era. Más adelante lo comprendió. ¡Tenía un ojo de cristal! Al transcurrir los años recordando la situación sonreían los dos.

Empezó a sacar carpetas de trabajo, le explicó las tareas que tendría que realizar y comentó que no dudara en preguntarle.

Cuando volvió a la mesa vio colocada encima una máquina de calcular que le produjo curiosidad, tenía una manivela que si se giraba hacía adelante hacía operaciones de suma y multiplicación y en sentido inverso realizaba operaciones de resta y división, pero antes había que colocar los números en posición cifra a cifra. Luego enseguida usó la máquina con una enorme velocidad y le gustaba, conseguía sonidos que tenían nada menos que musicalidad. Pensaba que no hay nada mejor que trabajar contenta, el rendimiento es mayor.

Seguía con la timidez y el jefe, que siempre estaba de buen humor, a pesar de su ojo de cristal del que no se cansaba de hacer chistes, la seguía poniendo colorada.

Había un largo pasillo en la empresa por el que Sofía iba taconeando con sus tacones de aguja y cuando coincidía que él venía detrás, decía:

"Oiga señorita, lleva las costuras de las medias muy torcidas"

Ella miraba hacia atrás y él se reía por la ingenuidad y rapidez con que giraba la cabeza.

Todos los años en invierno se celebraba una fiesta, siempre se realizaba en el domicilio del presidente de la compañía un guapo alemán casado con una francesa. La casa era enorme con un gran jardín.

Los actores eran todos los que formaban la empresa. Hacían representaciones teatrales o preparaban un coro para cantar canciones que entusiasmaban al presidente.

Menudo peloteo pensaba Sofía.

Un año, después de comer en el jardín, cantaron en coro dirigidos por un compañero con conocimientos de canto y más tarde realizaron una representación de zarzuela "La verbena de la Paloma" Para ello llevaron un organillo que un compañero sabía manejar y se vistieron de chulapas y chulapos. Resultó muy divertido y lo pasaron bien.

En una ocasión llegó a la oficina una chica joven, rubia, vestida con mucho estilo, segura y decidida. El jefe de personal la presentó, al principio no consiguió la simpatía de todos, parecía algo estirada. Llegaba por las mañanas en un coche negro que conducía un soldado. A los pocos días de entrar se tomó unas vacaciones, los compañeros pensaban que era una enchufada de las más seguras, luego se enteraron de que se trataba de la hija de un general del ejército. Esta compañera tenía mucho arte, era fan del cantante Raphael y amenizaba los minutos del desayuno con canciones que interpretaba imitando muy bien los exagerados gestos del cantante y para sorpresa de todos, este cantante tenía el estudio donde ensayaba en el mismo edificio dos pisos más abajo de la oficina. En ocasiones durante el trabajo abrían todas las ventanas para oírle cantar.

Estuvo trabajando en la empresa algunos años hasta que se casó. Celebró la boda por todo lo alto nada menos que en el Hotel Ritz y fue invitada toda la empresa. En la ceremonia todos los acompañantes iban vestidos de uniforme con la pechera llena de condecoraciones y las mujeres iban muy guapas. Era la primera vez que Sofía entraba en el Hotel Ritz.

Asistió a esa boda con todos los compañeros y el entonces primer novio que luego al transcurrir los años sería su marido. Conserva todavía una fotografía de la comida en la que se les ve felices.

La lujosa boda fue tema de conversación en la oficina durante algunos días y es que una invitación al Ritz no ocurre a menudo.

En esa empresa Sofía tuvo mucho trabajo y aprendió tanto que el jefe depositaba su confianza en ella y cuando él no estaba resolvía los asuntos con diligencia. Se dio cuenta de que podía hacer muchas cosas sola, llegó a explicar cómo una experta a los nuevos comerciales todas las peculiaridades de los productos de la empresa.

Un mañana al realizar la liquidación a un cliente se equivocó en los cálculos que eran visados por contabilidad y supervisados por el apoderado general. No tuvo en cuenta una deuda contraída con anterioridad y le abonó más de lo que correspondía. Se enteró el jefe y a puerta cerrada en el despacho le dijo:

"Señorita, por su error tendrá que devolver la diferencia a favor de la compañía que será retirada de su nómina mes a mes"
Se quedó pensativa un momento y contestó:

"Me parece razonable aunque esa diferencia debería ser proporcional a la responsabilidad de cada uno, ya que todo mi trabajo ha sido supervisado"

Hubo un silencio acompañado de unos ojos que asustaban sobre todo el fijo de cristal y al cabo de unos minutos que a ella le parecieron eternos contestó:

"Bien, bien, pues tendrá que anotar el tema y recordarlo al cliente para que nos sea abonada la deuda"

Y cada mes reclamaba mediante carta la citada deuda, así estuvo varios meses, cerca de un año, hasta que en un determinado momento tomó la decisión de no continuar más la reclamación, dejó de anotarlo en la agenda y envió el expediente al archivo para que fuera olvidado.

Todo acabó bien pues su nómina no se redujo y si en algún momento alguien recordó el tema, nunca se lo comunicaron.

Cuando transcurrieron algunos años pensó que no estaba lo suficientemente remunerada y lo hizo saber a su jefe. Le contestó que hablara con el apoderado general, responsable de todo el personal, un alemán enorme que asustaba con su presencia. Recuerda su imagen en invierno con un abrigo loden austriaco de color verde, era un hombre tan grande y voluminoso que parecía una enorme mesa camilla con su correspondiente falda.

Como tenía mucha seguridad en el trabajo que estaba haciendo, preparó con detalle una nota con todas las tareas que llevaba a cabo y la responsabilidad que tenía sobre ellas.

El alemán la recibió frío y distante, como él era, pero Sofía iba muy decidida así que cuando le presentó el escrito, él lo leyó, la miró y con una colocada sonrisa dijo con esfuerzo arrastrando el final de cada palabra, pues no sabía bien nuestro idioma.

"Estamos en un proceso de cambio y tendrá que ver al nuevo jefe de personal. Deberá ir a su despacho pero tengo que decirle a usted, señorita, que ya teníamos pensado su ascenso. Luego decidiremos"

El nuevo jefe de personal la citó en la nueva dirección una mañana a primera hora, hacía muchísimo frío, entró en una cafetería de la Puerta del Sol y se tomó un desayuno, cuando ya se iba pensó en cómo vencería la timidez hablando a un señor que desconocía su forma de trabajar y el descaro de los tímidos unido al frío, hicieron que se tomara después del desayuno un sorbito de licor. Salió de la cafetería sin frío y sin timidez. No sabe cómo se le ocurrió eso. Piensa que los tímidos algunas veces llegan a ser imprudentes.

Esperó cerca de hora y media, la entrevista fue un éxito por la seguridad y confianza que tenía en sí misma. Al jefe de personal le causó buena impresión, así se lo diría al marido tiempo después en la ceremonia de su boda a la que asistió como invitado.

"Se lleva usted a una gran mujer"

Sofía consiguió el ascenso y se sintió orgullosa.

Algún tiempo después cuando dijo que se despedía para casarse, en la empresa no querían que se fuera. En esos momentos iban a tener lugar cambios muy positivos y querían contar con ella, decían que podía compaginar trabajo y matrimonio pero ella no lo veía claro. Quería dedicarse al marido y a los futuros hijos. Su sueño era entonces el dulce hogar.

Se fue con la dote estipulada por convenio que era costumbre en aquel tiempo. También había otra norma establecida por convenio, si dejabas la compañía por matrimonio y te quedabas viuda, tenías todo el derecho a un puesto de trabajo igual al que habías dejado.

CAPITULO VIII
MATRIMONIO

El marido de Sofía era un buen mozo y sobre todo buena persona, se conocieron en el año 1964 de manera casual cuando ella asistía a los cursos del Servicio Social.

A estos cursos tenían que asistir en aquellos años todas las mujeres de 17 a 35 años a excepción de las casadas y las religiosas. Al finalizar los cursos entregaban un certificado de cumplimiento y una tarjeta que luego era necesaria para la obtención de un certificado de estudios, viajar fuera de España o para un puesto de trabajo. Aún conserva esa tarjeta y es con el paso de tiempo una reliquia, tiene en su parte izquierda dos eses monumentales en negro. Cuando la ve siempre lee en silencio Servicio Secreto, aunque realmente signifique: "Servicio Social de La Sección Femenina"

El curso no duraba demasiado, tres meses si habías estudiado. Consistía en hacer un trabajo y establecieron que ella hiciera en papel una canastilla de bebé. Fue entretenido y agradable realizar la ropita en papel, lo que más le gustó fueron el gorro y los patucos y cree ahora que si tuviera que hacerlos seguro que no sabría.

Asistía a clase por las tardes y un día que llovía, al llegar al lugar vio que estaba cerrado. Despistada no se había dado cuenta, era fiesta patronal. Se marchó, cruzó la calle y vio en la cafetería, situada enfrente del lugar donde recibía los cursos, a dos compañeras con un grupo de chicos y chicas, fue a su encuentro y estuvieron charlando. Uno de los chicos al cabo de siete años sería su marido.

Salieron todos y al despedirse de las compañeras, él acercándose se presentó, dijo que se llamaba Manuel y preguntó si podía acompañarla, ella miró su cara y vio que tenía una mirada limpia, los ojos azules y el aspecto bohemio le gustaron.

Le dijo que sí.

Comenzaron a hablar, comentó que sólo llevaba en Madrid unos meses y sin darse cuenta estaban en el metro. Como estaba a tope decidieron salir e ir al autobús pero antes le preguntó:

"¿Podríamos vernos el próximo domingo y visitar el Museo de Prado?"

Le volvió a mirar y dijo que sí.

Acordaron quedar al pie de la estatua de Velázquez a las once de la mañana.

El domingo fue un día soleado, Sofía llegó algo más tarde y allí estaba él con su boina negra, unos pantalones con vuelta y los kiowas, zapatos cómodos de aquella época. Parecía un artista, pobre e incomprendido. Al llegar se saludaron y él intentó coger su mano. Sofía se la retiró ¡No le conocía!

Estuvieron disfrutando de las exposiciones y luego la invitó a tomar el aperitivo, se intercambiaron los teléfonos y desde entonces compartieron muchos momentos.

La segunda vez que se vieron fue para ir al cine y al comentar que había quedado con una amiga dijo Manuel:

"No importa. Os acompaño, ¿quieres?"

Le dijo que sí.

Esta amiga había vivido en el primer piso de su casa en Galicia y su familia se había trasladado a Madrid por el trabajo del padre, persona muy educada y culta. Sofía recuerda un detalle curioso, era idéntico al gran actor Gary Cooper.

Llegaron al cine y allí estaba él esperando para sacar las entradas, con dos bolsitas de bombones en la mano que dio a cada una. Había mucha gente y al pasar unos minutos se alejó hacía la taquilla disculpándose. Mientras, la amiga comentaba a Sofía que le había causado muy buena impresión. Cuando regresó les dijo:

"Podéis venir ¡ya tengo las entradas!"

¡Se había colado! A Sofía no le gustó. Se miraron con cara de sorpresa y la amiga puso una sonrisa de circunstancias, no rectificó y siguió pensando que Manuel le caía muy bien, seguramente los bombones estaban muy ricos pensó.

Después del cine las invitó a unas tortitas con chocolate y lo pasaron muy bien.

Los dos empezaron a salir a menudo y hablaban sin descanso de muchos temas. En esos años comenzaban a verse algunos pequeños cambios en la sociedad, aunque sería luego en la década de los setenta cuando España en realidad se transformaría.

Manuel era una persona excelente, estaba dispuesto a ayudar a los demás y a luchar contra las injusticias, decía lo que consideraba pensando muy bien lo que decía y eso le acarreó algún contratiempo. La época no era propicia para decir verdades y si se decían había que hacerlo con mucho tacto.

En el segundo paseo habló de su familia que vivía en otra ciudad, que era el mayor de cuatro hermanos todos varones y que su madre habría deseado tener una hija. También le habló de los estudios, que llevaba en Madrid unos pocos meses y tendría que convalidar asignaturas porque había estado interno en un seminario y que por no dar un disgusto a sus padres había aguantado demasiado.

No estaba de acuerdo con la estructura de la Iglesia, decía que se complicaban las cosas y que todo era mucho más sencillo, además le gustaban las mujeres y cuando iba de vacaciones a la casa de sus padres no dejaba de mirarlas. Siempre quería participar de los bailes en el salón-bar que tenía su familia y hacía lo posible por encargarse de las entradas o cualquier otro menester para poder ver a las chicas guapas.

Tuvo una discusión con el tutor o padre espiritual y despidiéndose de sus compañeros se vino a Madrid sin decir absolutamente nada a los padres, lo hizo por escrito pidiéndoles perdón y haciéndoles ver que no sería un buen sacerdote. Lo que deseaba en la vida era formar una familia, tener una mujer a su lado y unos hijos a los que querer y educar.

"Si no tuviéramos como una de las normas de vida el celibato y nos permitieran el matrimonio, yo sería un buen sacerdote" decía.

En una de sus muchas conversaciones comentó que cuando llegó a Madrid contactó con el Padre Llanos religioso extraordinario muy querido por los pobres y enfermos. Manuel aprendió mucho de su generosidad y entrega pues se quedaba sin comer y sin ropa porque se la daba a los pobres. Llevaba siempre la sotana raída.

También le comentó que estaba trabajando llevando la contabilidad de una empresa pequeña y que vivía en una residencia de estudiantes algo alejada de donde vivía ella.

Al transcurrir unos meses Manuel decidió acercarse y se fue a vivir con el hermano que entonces estaba haciendo el servicio militar en la ciudad.

Un domingo como tantos otros quedaron a tomar el aperitivo, al salir del bar se encontraron con la madre de Sofía que venía de misa. Se quedó un momento parada, aunque la madre conocía la relación ya que llevaban unos meses y con una sonrisa después de darles un beso, dijo:

"Hijo por qué no vienes a comer a casa, he preparado unas empanadillas muy ricas. ¿Te gustan las empanadillas?"

Manuel todo educado y muy nervioso, contestó:

"Sí, sí, me gustan mucho. Gracias pero voy a comer con mi hermano"

La madre insistió y él aceptó, después de darle las gracias infinidad de veces.

Más tarde a solas le confesaría a Sofía que lo pasó muy mal. No le gustaban nada, pero nada las empanadillas.

Al principio decía que no a todo y se ponía nervioso, luego tuvo mucho cariño a la madre tanto que pasado el tiempo sustituiría en algunas ocasiones a la suya que no la tenía tan cerca.

Sus padres querían para él un buen futuro, por esa razón y porque en aquel tiempo en una ciudad pequeña era una salida para un joven el sacerdocio o la carrera militar, entró en el seminario a una edad temprana en la que se desconoce qué es lo que se desea en la vida. Tenía solamente doce años.

Sofía y Manuel salían muchas veces a pasear por el parque del Oeste, cerca de allí vivían los primos de ella y así los veía, luego tomaban un blanco y negro que consistía en un buen vaso de café con nata en la terraza del Paseo Rosales. Otras veces por la tarde acudían a la larga sesión continua del cine para ver la proyección de dos películas seguidas, así era entonces y daba igual cuando entraras porque siempre podías ver las dos películas completas aunque fuera por partes y aunque siempre ella tenía que estar en su casa a las diez y media de la noche, que felices eran y con poco.

Cuando pasaron unos años Manuel le dijo que iba a cambiar de trabajo pues había sido admitido en una gran empresa. Estaba muy contento, vio que tenía futuro y decía que a partir de ese momento podrían casarse.

En esa empresa, la responsabilidad del trabajo que realizaba en ocasiones le hacía ponerse demasiado nervioso tanto que compañeros, algunos de ellos amigos y amigas, decían que cuando eso sucedía era mejor pasar de él y de esa manera, más tarde se tranquilizaba. Tenían una palabra, "macaraca" para definir ese estado de ansiedad:

"¡Cuidado que hoy tiene la macaraca!" decían.

Estuvieron de noviazgo alrededor de siete años y en uno de los paseos entre arrumacos y besos de manera espontánea ella le dijo:

"Llevamos mucho tiempo saliendo ¿por qué no nos casamos?"

El la miró y con una gran sonrisa por la pregunta tan espontánea contestó:

"No tenemos vivienda, hasta que nos la entreguen no podremos hacerlo"

"Será que no debemos, poder hacerlo podemos" le dijo.

Y empezaron a imaginar cómo sería ese día. Sofía estaba tan entusiasmada que cuando llegó a casa se lo dijo a su madre y ella angustiada preguntó:

"¿No estarás embarazada?"

"Desde luego que no, mamá"

¡Que pregunta! Como muchas parejas de la época fueron vírgenes al matrimonio. Pobres enamorados. En esos años la mayoría de las mujeres no tenían experiencia sexual antes de casarse y ellos dos todavía menos, tanto él como ella habían recibido una educación religiosa y en aquellos tiempos era severa.

La madre le dijo que fuera preparando el ajuar de novia, ropa de cama bordada, mantelerías, toallas y así entraron en la dinámica de la boda. Estaba muy contenta, pensaba en el futuro hogar y en los hijos que tendrían. Se querían y serían muy felices.

El matrimonio se celebró en la primavera de 1971 en la basílica de San Francisco el Grande, llovía lentamente cuando Sofía salía de su casa alegre para la iglesia, estaban esperándola en un coche lleno de flores, una compañera de trabajo que se había ofrecido como conductor y un primo hermano que actuaría como padrino. La madrina sería una prima del novio.

Los dos quisieron hacer una boda muy personal para la época encorsetada que vivían. Después de la celebración de la misa que dirigió el sacerdote encargado de la basílica, tutor que había sido del novio en el seminario, lo celebraron con un coctel preparado y servido por el famoso en aquella época "José Luis" en los salones de la propia iglesia.

La boda fue bastante concurrida pues además de la familia, que no fue demasiada por vivir lejos, asistieron amigas, directivos y muchos compañeros y compañeras de trabajo. Ella estaba tan nerviosa que sonreía para ocultar su timidez, algunos de los invitados al transcurrir el tiempo tuvieron que recordarle su asistencia. No tenía idea de quien había estado en la boda.

Al finalizar el convite, con una mirada de complicidad los dos se despidieron de todos sin dar a conocer los pasos siguientes, porque los amigos intentaban seguirles para gastarles una broma y ellos sólo querían huir del barullo para quererse. Pasaron la noche en un hotel que les preparó un gran recibimiento, fruta, dulces, champagne y flores, a la mañana siguiente después de desayunar y con las maletas preparadas emprendieron viaje a Italia, viaje que duraría catorce días.

En Italia disfrutaron de su cariño, del arte y la belleza. La primera parada fue Marsella, luego recorrieron Roma con sus maravillosas fuentes, sus magníficas iglesias, el Acueducto y el Vaticano. Más tarde visitaron Venecia y los románticos canales, Nápoles y las esculturas impresionantes del cementerio, Florencia y los palacios, entre ellos el de Uffizi, Pisa con la torre y campanario desde donde pudieron admirar unas bonitas vistas, también Padua, Pompeya, Capri tan espléndida para pintar y vivir, su gruta en la que oyeron un bonito concierto, en fin la maravillosa Italia donde habrían permanecido más tiempo, incluso siempre.

A la vuelta volvieron a la realidad, no tenían casa donde vivir pues aún no se la habían entregado y decidieron irse a un hotel, ya pensarían luego qué hacer. En aquellos años se improvisaba más que en los momentos actuales debido a que había más seguridad en los trabajos. El libre mercado estaba por llegar.

Tenían una opción, vivir hasta que tuvieran el piso en casa de la madre de ella pero Manuel no quería, decía que tenían que comenzar juntos, los dos y solos. Una tarde cuando transcurrieron cuatro o cinco días, hablaron y decidieron alquilar un apartamento y esperar con ilusión la entrega de la vivienda cuyos pagos habían compartido.

En una ocasión como hacía de forma rutinaria, Sofía se acercó a comprar y en la tienda sufrió un desmayo, pensó que era debido al estómago, cuando se lo comentó a Manuel, insistió en que fueran al médico y cuál sería su sorpresa cuando les dieron la buena noticia ¡estaba embarazada!

Llegó febrero, les dieron las llaves del piso y se mudaron. Se trataba de una vivienda no demasiado grande pero con una terraza que la bordeaba, al principio tenían solamente los muebles necesarios, una salita, el comedor y el dormitorio, más adelante comprarían el salón. Allí vivieron alrededor de seis años.

Una noche se sintió diferente y pensando que estaba preparada para el parto se fueron a la clínica, allí les dijeron que aún no era el momento y que volvieran a su casa. Se acostaron de nuevo, cuando pasaron un par de horas de nuevo sintió molestias, volvieron y entonces fue ingresada.

Manuel estaba a su lado poco tiempo pues entonces no permitían a los familiares estar muchas horas en la habitación y ella quería que permaneciera a su lado. Como era muy decidido contaba alguna historia al bedel que estaba en la entrada, decía que era médico y al final pasaba y se quedaba.

Ella le echaba mucho de menos, estaba asustada. Permaneció dos días intentando que naciera el bebé, pero fue en vano y tuvieron que utilizar los fórceps en una operación con anestesia general. Estaba feliz aunque algo triste por no haber visto nacer a su hija, fue una experiencia difícil a pesar de haber realizado algo nuevo en esa época como era la gimnasia preparto.

Nunca olvidará lo que ocurrió un día en el hospital, traían a la niña en un carrito junto con otros bebés para darles la alimentación y cuando las enfermeras colocaron a uno de ellos en sus brazos, con un gesto de enfado depositó al bebé rápidamente en la cama.

"¡Pero bueno, si no es mi hija!"

Y es que la niña que habían traído era morena con abundante pelo negro, el de su hija era muy claro, su piel blanca y tenía la cara bonita y sonrosada.

Al principio el bebé no comía y ella se preocupaba pero poco a poco fue aprendiendo y la niña se puso preciosa. En la clínica estuvieron nada menos que doce días, Sofía se quedó con la sensación de que su cuerpo no respondía como el de tantas mujeres que daban a luz de forma tranquila y rápida. Manuel aseguró que no tendrían más hijos, no quería verla sufrir.

Salieron del hospital con enormes deseos de llegar a casa y al llegar tenían una sorpresa, la cuna preparada para su hija, una cunita preciosa que la madre le regaló y también el potente coche para dar largos paseos que fue regalo de la madre de Manuel.

Tardó unos días en recuperarse, luego todo fue bien y fueron pensando en el bautizo. Celebrarían una ceremonia familiar y sencilla. Asistieron las familias de los dos y decidieron que la niña se llamaría Jimena.

Sofía hacía las tareas propias de un ama de casa con el deseo de que llegara la tarde para que pudieran estar los tres juntos. El tiempo transcurría muy lento esperando a Manuel.

CAPITULO IX
IN FRAGANTI

Para tener mejor calidad de vida Manuel por las tardes daba clases de latín, historia y literatura en varios colegios privados. En esas horas Sofía aprovechaba para visitar a sus padres. Colocaba a Jimena dentro del cuco, una especie de cesta que era cómoda de transportar en el asiento de atrás del coche y se ponía en marcha en un seiscientos blanco que conducía despacio como una novata.

Una tarde le dijo la madre que quería comprarse unos zapatos y sugirió que salieran a dar un paseo con la niña y así podrían ver zapatos y encontrar unos que le fueran cómodos. Pensó que iban a tardar un siglo pues su madre era algo pesada con la compra de zapatos. Tenía los pies muy delicados:

"De joven, por querer tener pies pequeños he usado zapatos de tacón con un número menos. Tenía entonces unos zapatos preciosos, los famosos topolinos que así se llamaban y me gustaban mucho, pero me hicieron mucho daño" le decía.

"Mamá, ¡que presumida has sido!" contestaba Sofía.

Sus pies estaban deformados, tenía los dedos gordos más grandes de lo normal y torcidos, observándola de frente y descalza sus pies se abrían como alas de mariposa. Cuantas veces la llevó Sofía cuando era anciana al podólogo porque no podía caminar.

Fueron dando un paseo y mirando escaparates, entraron en varias tiendas y ningún zapato era cómodo para la madre, siguieron caminando y al entrar en una calle vieron un flamante coche nuevo de color azul aparcado que parecía el que habían comprado hacía unos días.

"¡Ahí va, si es nuestro coche! Mamá, es el coche ¿verdad? ¿Y que hace aquí si Manuel está trabajando?" exclamó Sofía.

"Pues, si lo parece. Bueno, tranquila que habrá una explicación" contestó la madre.

Transcurría el tiempo y por cada minuto que pasaba iba aumentando el enfado de Sofía:

"¿Cómo es posible que me mienta mamá?"

"No te pongas nerviosa y vamos a dar una vuelta" contestó.

Dieron un paseo pero en la cabeza de Sofía sólo tenía un único pensamiento que dejaba a un lado todos los demás. ¡Ha mentido! había faltado a la promesa que se habían hecho de no mentir.

Se acercó al coche y vio que tenía bajada una ventanilla y un abrigo colocado en la parte de atrás, tocó la puerta y estaba abierta. Se puso aún más enfadada:

¡Ha dejado el coche abierto! ¡Y con el abrigo dentro!

En ese momento decidió entrar en el coche y sentada frente al volante su cabeza empezó a dar vueltas haciéndose preguntas:

¿Qué hace aquí? si me dijo que iba a trabajar. ¿Dónde estará? ¿Cómo ha dejado el coche abierto? ¡Que imprudente!

"Mamá, quédate a dar la merienda a Jimena mientras doy una vuelta a ver si averiguo qué ha pasado"

Se quedaron las dos, abuela y nieta, en el coche y ella caminó con tranquilidad por la zona y al girar una esquina, allí estaba Manuel tan tranquilo mano a mano jugando al mus que le encantaba con varias personas sentadas en una mesa redonda. Volvió a mirar a través de la cortina que tenía la ventana y sí, era él.

No entró, volvió hacia el coche, se sentía como un globo, iba a explotar de un momento a otro.

¡Me ha mentido! Además de enfadada sentía tristeza.

Ya en el interior del coche recordó que tenía también las llaves, se las había dado Manuel para que las llevara siempre por si perdía las suyas, metió la llave, encendió el motor y arrancó a toda velocidad liberando así su mal genio.

La madre dijo que condujera con tranquilidad:

"Tranquila mamá, que iré con cuidado" contestó.

Sofía tiene el recuerdo del gran enfado. Luego pasó a la fase siguiente, la indiferencia y comenzó a actuar con lógica. Al llegar al portal de la casa de los padres continuó y dio la vuelta a la manzana, entonces aparcó el coche.

Cuando lo comentó en casa, su hermano Carlos decía:

"Pobre gordo, así le llamaba, la que le espera cuando venga"

Transcurrieron las horas y cenaron, acostó a Jimena y se dispusieron a esperar en la salita hablando sin cesar del tema y dando opiniones cada uno. Ella se sentía molesta con la madre porque disculpaba la actitud de Manuel, siempre lo hacía.

Cuando pasaron algunas horas llamaron a la puerta y Sofía tranquilamente, como si anduviera en cámara lenta, fue a abrir y allí estaba él con sus limpios ojos azules:

"¡No sabes lo que ha pasado! ¡Me han robado el coche! Lo tenía aparcado y se lo han llevado. Vengo de la policía, he hecho la denuncia" comentó.

Sofía miraba sus ojos "¿Dónde tenías el coche?"

"Pues, a lado de la empresa donde lo dejo siempre" contestó.

"¿Seguro?" preguntó Sofía.

"Sí, sí" afirmó.

Y fueron hacia la salita en donde estaban todos, los hermanos con cara de póker no podían disimular la risa y la madre le miraba en silencio. Se sentaron y él insistía en que le habían robado el coche cuando estaba trabajando, hasta que en un momento la madre dijo:

"¡Hijo, a ver si no tenías el coche allí!"

Al decir esto, unido a las risas y a la indiferencia de Sofía, se dio cuenta de que algo iba mal y al final confesó:

"Bueno, no lo tenía allí aparcado sino en otro lugar"

Ella contestó: "Yo sé dónde está ahora"

Entonces se quedó más perdido todavía.

"Detrás de esta casa aparcado desde hace unas horas" continuó.

Manuel se quedó paralizado. Entonces confesó que no podía faltar a la partida, sólo había acudido una o dos veces nada más y lo dijo con una carita de bueno que desarmaba a todos.

"Me parece fatal, has faltado a nuestra promesa de no mentir" y ella no dijo más.

A él le sorprendió mucho todo lo que había sucedido de forma casual y pedía perdón, una y otra vez.

La madre recordó a la suya con un refrán castellano:

"Al mentiroso se le pilla antes que al cojo"

Sofía estuvo enfadada hasta el día siguiente en que perdonó la mentira y es que no puede estar en situación de morros durante mucho tiempo. Se acordó de la letra de una canción gallega:

"Ollos negros son traidores, azules son mentireiros…"

Recuerda otra situación insólita por lo menos desde su punto de vista y cree que para la mayoría, que ocurrió en Galicia durante unas vacaciones. Manuel las llevaba a ella y a Jimena, para no pasar el calor del verano en Madrid, hacían el viaje un viernes, él se quedaba hasta el domingo y luego volvía para trabajar.

En una de esas ocasiones como siempre le dijo que llamara a su llegada, él contestó que lo haría.

En aquellas fechas, tanto en la casa de Madrid como en la de Galicia no tenían teléfono, así que tendría que llamar a casa de una prima que vivía cerca.

Pasó el primer día y Sofía pensó que no había podido llamar porque estaría muy cansado. El segundo día tampoco llamó y la imaginación empezó a hacer filigranas. Al tercero no sabía qué hacer, no quería llamar. Era él el que tendría que hacerlo ¿no?

Al cuarto día se puso muy nerviosa pensando que podía haberle ocurrido algo, ya estaba decidida a llamar a los hospitales o a la policía y llorando dijo a los hermanos que fueran con ella a la centralita de teléfonos que había en el pueblo.

Fue con uno de sus hermanos y llamó a la empresa pero no consiguió hablar con él.

En un momento se le ocurrió que podía llamar a su cuñada que trabajaba en Telefónica. Habló con ella y le pidió por favor que se comunicara a través de algún vecino que tuviera teléfono en el edificio donde vivían. Contestó que en unos momentos le daría una respuesta y después de esperar unos minutos llamó:

"Tranquila, está bien, he hablado con un vecino y me ha dicho que han coincidido en el ascensor esta mañana al salir temprano"

Le dio las gracias y se fueron a casa, ella con un genio de mil demonios y su hermano riéndose con ganas.

¿Pero cómo es posible que haga un viaje de cerca de setecientos kilómetros y no comunique la llegada a la familia?

Al día siguiente le escribió una carta muy dura, tanto debió ser que al recibirla Manuel decidió ir a verla y apareció en el pueblo el siguiente fin de semana.

"¿Cómo te pones en lo peor? No pasa nada. Si hubiera sucedido algo seguro que te habrías enterado. Tranquila cariño" dijo.

"¡La próxima vez te lo haré yo! ¿Te parece?" le contestó con muy mal genio.

Duró el enfado algunos días durante los cuales volvía a pedir perdón varias veces, él no podía soportar que estuviera enfadada y que se mostrara indiferente. Luego todo pasó y al recordarlo se reían.

En una ocasión hicieron un viaje a Holanda con los compañeros de la empresa y disfrutaron mucho esos días. Les sorprendía casi todo, habían salido de España en una etapa en que nuestro país era bastante gris, tiene ese recuerdo de la ciudad de Madrid. Viajaban a un país europeo, más moderno y libre.

Todo parecía maravilloso, la ciudad de Amsterdam con los museos y edificios tan diferentes. En el primer paseo por la ciudad les llamó la atención la estrechez de las casas que parecían acogedoras, con las ventanas libres, solamente un pequeño y corto visillo que permitía toda la libertad en las miradas y recordaron a España con las casas cerradas al exterior siempre intentando ocultarse a través de cortinas para salvar su intimidad, entonces ese detalle les pareció significativo.

Una noche después de cenar y preparado por el hotel en el que se alojaban fueron a un espectáculo a orillas del famoso canal, antes dieron un paseo para contemplar algo tan curioso como las prostitutas situadas en las ventanas y balcones a pie de calle.

El espectáculo que iban a ver se trataba de un striptease en una representación teatral de una pareja escultural que al final hacía el amor. Aunque tenía belleza, para Sofía fue demasiado explícito, el tema sorprendió mucho a todos y fue motivo de conversación durante días, tanto hablaron sobre ello que en una ocasión dando un paseo con los compañeros, tuvieron la osadía de interpretar las balizas o pivotes que había en las aceras como si fueran enormes penes. Todo les parecía diferente y es que a finales de los sesenta todavía éramos de pueblo en comparación con Europa.

CAPITULO X
ALEGRIAS Y PENAS

Transcurrieron tres años felices para Sofía como ama de casa aunque en algunos momentos sentía la necesidad de realizar actividades que la enriquecieran. Tenía nostalgia del trabajo que había llevado a cabo en años anteriores, quería volver a trabajar, se lo hizo saber a Manuel diciéndole que de esa manera tendrían más tiempo por las tardes para disfrutar los tres. Así, colaborando ella podría él prescindir de las clases.

Relacionado con la empresa donde él trabajaba, accedió a un nuevo trabajo que la llenó de satisfacción.

Aún recuerda el nerviosismo que tuvo el día de la entrevista, tuvo que realizar traducciones del francés e inglés con diccionario y sin él, tanta tenacidad y fuerza de voluntad puso en el empeño que la aceptaron y a esa empresa dedicó veinte años. Fueron años felices, se sentía activa y con una familia querida con la que compartía momentos maravillosos y comprobó que podía trabajar gracias a la guardería a la que llevaban a su hija.

Disfrutaban juntos más tiempo, ya que los horarios de trabajo, desde las ocho a las tres de la tarde, se lo permitían y llegaron al siguiente acuerdo, comerían fuera de casa, luego recogerían a la niña.

La vida les sonreía.

Un día en el trabajo sobre las once de la mañana recibió una llamada telefónica de Manuel:

"Cariño, no me encuentro bien, me ha visto muy nervioso el médico de la empresa, ha dicho que desconecte del trabajo y que me tome un Valium. Creo que es una gripe o algo parecido, así que me voy a casa. Allí te espero"

Al llegar ella vio que su marido estaba decaído y con mal color:

"Vámonos de nuevo al médico que te vea" comentó.

"No hace falta, no es nada y en unos días me recupero"

Ella insistió, no le gustaba el color de su cara y el excesivo sueño que tenía, fueron al médico y debió ver algo fuera de lo normal porque les envío a urgencias. Manuel condujo el coche hasta la clínica y enseguida les atendieron, ella se quedó esperando tranquila con la idea de que no sería nada importante.

Cuando pasaron unos minutos se abrió la puerta de la consulta y desde donde Sofía estaba sentada vio al médico con el marido hablando de una forma que no le gustó. Se acercó y Manuel le entregó el paquete de cigarrillos que llevaba en la americana. El médico, mirándoles a los dos dijo:

"Tiene en estos momentos una angina de pecho y está en proceso de infarto por lo que debe quedarse en observación"

Se quedaron boquiabiertos y sorprendidos. Su marido era un hombre fuerte. Nunca estaba enfermo.

Se acercó un enfermero con una silla de ruedas en la que Manuel no quiso sentarse. Luego todos caminando fueron a la UCI, a ella le dijeron que esperara en una sala cercana y al pasar unos minutos trajeron su ropa en una bolsa. Podría visitarle por un período muy corto de tiempo y tendría que entrar con bata y calzas apropiadas.

Llamó a los padres que estaban en Galicia, a la familia de Manuel y también a la empresa donde él trabajaba y enseguida se presentaron en el Hospital el jefe de personal, la asistente social y el médico de empresa. Cuando llegó este último directamente le preguntó:

"¿Que ha pasado doctor?"

Contestó que por la mañana le había visto muy nervioso y había sugerido que tomara un Valium y saliera a dar una vuelta. A ella le pareció inaudito lo que estaba oyendo.

"¿Cómo no le ha hecho un electro cuando acudió a su consulta sintiéndose mal?"

Estaba realmente enfadada con el médico de empresa.

"No consideré ese extremo. Lo siento" contestó.

Ella no siguió hablando, el médico le ofreció lo que necesitara, incluso el coche a lo que contestó muy seria que no necesitaba nada. Pensó que tenía que haber puesto el interés en su momento, actuando como buen profesional y realizando un electro al marido, eso no lo había hecho y ya era tarde.

Pasaba a la UCI dos veces al día durante unos minutos. Allí sufrió Manuel el primer infarto. Cuando transcurrieron unos días se encontraba más tranquilo pero muy asustado, luego permaneció en una habitación alrededor de un mes y salió con diez kilos de menos. El cardiólogo era un buen médico y les comentó cuando le dieron el alta que tenía que llevar un régimen para adelgazar, dejar inmediatamente de fumar y tranquilizarse, nada de stress en el trabajo. Estas tres causas fueron según el médico las que le habían provocado esa situación.

Tenía un régimen riguroso al que obedecía, pero en algunas ocasiones lo dejaba a un lado y daba satisfacción al gusto por la comida sobre todo a los guisos y a las salsas que le encantaban. En casa estaban pendientes porque cuando se descuidaban hacía de las suyas, Jimena iba corriendo a decírselo a su madre:

"Mamá, papá está en la cocina mojando pan en la salsa"

Manuel se reía y ponía cara de travieso.

Pasaron los días y se incorporó de nuevo al trabajo haciendo una vida más o menos normalizada, teniendo en cuenta la abundante medicación que tenía que tomar.

En ese momento no era plenamente consciente de su enfermedad, aunque estaba asustado. Cuando se hizo la primera revisión el cardiólogo vio que estaba bien, el infarto se había producido a la altura del diafragma y había tenido suerte. Ella se sentía contenta porque no había sido demasiado peligroso, pero él siempre estaba pensando en lo sucedido aunque no lo manifestara. En algunas ocasiones veía cómo se tomaba el pulso preocupado.

"¡Pero, bueno! ¡Olvídate cariño! y sigue los pasos que te ha indicado el médico" decía Sofía y en broma añadía:

"Fíjate en el actor Peter Seller, ha sufrido varios infartos y está muy bien"

En diciembre para sorpresa de los dos estaba de nuevo embarazada y fue una gran alegría, se sentía contento y fuerte. Olvidó durante un tiempo las consultas y los médicos.

A pesar de tener los treinta y seis años Sofía tuvo un embarazo muy bueno y el parto transcurrió con normalidad. Su marido estuvo tranquilo en el hospital acompañándola durante las contracciones haciendo crucigramas. Cuando venía la contracción agarraba fuerte su mano y ella sentía un gran alivio.

Transcurría todo tan bien que él quiso estar presente en el parto, pero el médico lo desaconsejó por la impresión que pudiera recibir:

"Me parece mejor que espere fuera leyendo un libro"

A diferencia del primer parto en éste no fue anestesiada, vio nacer a la niña y fue uno de los momentos más felices.

"¿Está bien? ¿Completita? ¿Tiene todo? ¿De verdad?" preguntaba al ginecólogo.

"Todo, todo bien, dedos, manos, pies, todo bien"

Era un bebé precioso con la carita redonda y con la piel sin rojeces, parecía imposible que hubiera sido un parto tan fácil. Sólo permaneció tres días en la clínica, al segundo se duchó con la aceptación del médico y al tercero estaban en su casa por la tarde.

Cuando transcurrió una semana prepararon el viaje a Galicia, allí había quedado Jimena con los abuelos y estaban deseando verla. Se ayudó de un cojín según había sugerido una de las monjas del hospital y una mañana temprano emprendieron el viaje en coche con el bebé dentro del cuco. Fue un viaje bueno aunque largo porque iban despacio, entonces la carretera no era autopista, estaba llena de baches y el viaje podía llegar a ser una aventura.

Llegaron por la tarde y al entrar en la calle principal del pueblo, a distancia vieron a su hija mayor fuera del portal sentada en un peldaño con la carita preciosa, agarrando a una muñeca esperando tranquila la llegada de sus padres. A los dos la imagen les produjo ternura y felicidad.

De vuelta a Madrid celebraron el bautizo del bebé que fue como el de su hermana muy familiar y le pusieron de nombre Carlota.

Al transcurrir unos meses, un domingo estaban en casa viendo la televisión, hablaba el entonces el Presidente del Gobierno Adolfo Suárez, cuando Manuel dijo:

"Cariño, voy un momento al hospital, me hago un electro y vuelvo"

"¿Te encuentras mal?" dijo ella.

"Bueno, no sé, pero me siento raro. Tranquila que es poco tiempo y enseguida estoy de vuelta" contestó.

Quiso ir con él pero la convenció para que no lo hiciera, diciendo que iba a ser rápido y se quedara con las niñas pues la persona que las cuidaba libraba ese día.

Se fue, cenaron las niñas y las llevó a la cama.

Al poco tiempo notó que tardaba y comenzó a preocuparse. Llamó a los hermanos diciendo que Manuel estaba en el hospital y que vinieran un momento a casa para quedarse con las niñas, así podría acercarse a verle.

Llegó Carlos el hermano mayor quien se ofreció para ir al hospital.

"Seguramente le encontrarás en la consulta de su cardiólogo. Allí estará" le dijo ella.

Antes de irse su hermano ella insistió en que le informara de todo cuando le viera.

"Tranquila que encontraré al gordo"

Se quedó sola en la casa silenciosa, era muy tarde, madrugada, así que se preparó una tila para calmar los nervios.

Sofía quería verle y fue interminable la espera. Su hermano tardó muchas horas en llamar y se tranquilizaba con largos paseos por el salón y bebiendo muchas tazas de la tila. Sobre las seis de la mañana llamó por teléfono para comentarla que estuviera tranquila ya que estaba muy bien atendido, había hablado con el gerente del hospital para que fuera trasladado a otro porque no había cama libre en urgencias. El hospital al que irían estaba cerca de casa y cuando estuviera todo arreglado podría ir a verle.

Al poco tiempo el hermano no tardó en llegar y le contó todo con detalle:

"El gordo ha sufrido un infarto cuando estaba en el hospital donde pasaba consulta su cardiólogo que en ese momento no estaba. El hospital se encontraba completo y las urgencias también, por eso he pedido una ambulancia para trasladarle a otro porque tiene que quedarse en la UCI. Dentro de poco podrás verle y tendrás que llevar todos los informes para que los examine el nuevo cardiólogo"

Carlos enseguida se acostó porque estaba muy cansado y en ese momento ella decidió ir al hospital y llevar los informes.

No podía esperar más tiempo. Se fue tranquila porque él quedaba al cuidado de las niñas.

Al llegar preguntó en información y rápida subió a la planta donde estaba el cardiólogo de guardia. Enseguida entró en la consulta:

"Su marido ha sufrido un infarto antero-lateral. Es más importante que el anterior, pero no se preocupe que como es joven se va a recuperar. Para ello tenemos que realizar varias pruebas, de esfuerzo, cateterismo, scanner… Luego hablamos"

Sofía Iba al hospital todos los días y permanecía con él poco tiempo, estaba muy vigilado por monitores que a cualquier alteración venían a atenderle. Tranquilo y divertido decía:

"¡Cariño, quieres que acelere a todo el mundo? ¡Espera y verás!"

Movía las conexiones que tenía adheridas al cuerpo y al dispararse los parámetros venían rápido.

Las enfermeras comentaban con una sonrisa:

"Pero qué malo es usted"

Entonces se reía, toda la cara se iluminaba, ella se enfadaba pero al mismo tiempo sentía tranquilidad por el buen estado de ánimo que tenía.

Ocurrió otro hecho que les hizo por un momento olvidar lo grave que podría llegar a ser la situación.

Para que estuviera guapo le compró un pijama precioso lleno de dibujos, concretamente pequeñas flores de lis al igual que las que figuran en la heráldica. ¡Estaba muy guapo! se lo decía y la miraba con una cara de satisfacción enorme pero al lavarlo ¡Oh! sorpresa, se fueron todas las florecitas. Cuando volvió al hospital y se lo comentó, le hizo gracia la situación:

"¡Se ha ido mi buena cuna! yo quiero seguir estando guapo así que creo que deberías llevarlo a la tienda y que lo cambien por otro, pero con flores que es lo que me embellece" Ella así lo hizo.

Iba a permanecer hospitalizado durante tres meses y poco antes de finalizarlos, un día ella recibió en el trabajo una llamada del cardiólogo:

"Venga al hospital. Tengo que hablar con usted"

Cuando iba en el taxi intuía que había pasado algo grave, nada más llegar pasó al despacho del médico:

"Lo siento. Su marido ha sufrido un aneurisma en la aorta, esto es algo serio y tendrá que permanecer más tiempo en el hospital. Tranquila, porque la cirugía en estos casos tiene buena solución"

Le explicó lo que era un aneurisma a través de un dibujo, tranquilizó su ánimo y volvió a decirle que con cuarenta y dos años que tenía el marido, la cirugía actuaría bien, había que ver por qué razón había ocurrido y para ello iban a realizarle algunas pruebas.

Cuando volvió del hospital a casa estaba mucho más delgado. Tenía que hacer una vida muy tranquila y de momento no podía trabajar.

"Nada de impresiones, no le harán bien, tanto positivas como negativas" les dijo el médico.

Se dedicaba a leer y organizar los sellos, había empezado una colección y estaba entusiasmado, comentaba que la dejaría en herencia.

La vida continuaba, por las mañanas Sofía iba al trabajo y Jimena al colegio, él se quedaba en casa con Carlota y la persona que cuidaba de ella. Debió de ser una etapa muy dura para Manuel porque no podía trabajar, le ayudó mucho la compañía de su hija pequeña, aunque en algunos momentos se enfadaba porque no podía tenerla mucho tiempo en brazos, era demasiado peso.

Transcurrieron las navidades en familia como todos los años y por las fotos que hay de esa fecha se puede decir que estuvieron felices.

En febrero de 1983 un día Manuel preguntó:

"¿Cariño, podría ir a Galicia con tus padres unos días? Estaré bien en el pueblo ¿Qué te parece?"

"Seguro que estarás más tranquilo en contacto con la naturaleza y al lado del mar" contestó Sofía.

"Cariño, quiero aprender a pescar y seguro que estaré muy relajado" dijo Manuel.

Ella accedió y se fue, le trataron como un hijo y disfrutó mucho con la pesca. Al principio era un fracaso pues no pescaba pez alguno pero cuando conoció a los pescadores y le enseñaron cómo debía hacerlo, aprendió tanto que se iba al centro de la ría con las barcas y en algunas ocasiones volvía muy contento pues había pescado algún pez que seguramente estaría despistado y lo presentaba ante la familia todo orgulloso de su hazaña.

En cambio el día en que no había tenido éxito, deprisa iba muy serio y silencioso hacia casa, según comentaba la familia.

Sofía había quedado en Madrid con las niñas. Cuando ella iba a trabajar, la persona que las cuidaba llevaba al colegio a la mayor y atendía a la pequeña que entonces tenía diecisiete meses. Trascurrieron los días y se acercaba la fecha de su cumpleaños. Unos días antes llamó su marido para decirle que quería desearle felicidad en persona y celebrarlo también con las hijas en Madrid, así que tomaría un avión para ir a verlas.

Tenía ganas de estar con él y sus hijas también lo deseaban, en especial Jimena que adoraba a su padre.

Fueron a recibirle al aeropuerto, venía cargado, era demasiado peso para su delicado estado de salud. Cuando llegaron a casa y abrió todos los bultos en uno de ellos bien preparado había nada menos que una gran lubina. Sofía sintió por él una gran ternura.

"¡Lo he pescado yo!" dijo todo orgulloso.

El día del cumpleaños fue primaveral así que se fueron todos en el coche al campo, comieron al aire libre en un restaurante en Guadarrama y Manuel estuvo jugando feliz con sus hijas. Cuando llegaron a casa comentó que se había resfriado y que al día siguiente iría al médico para que le indicara qué medicinas debía tomar. Con ese resfriado el médico le cambió toda la medicación.

Venía la Semana Santa y volverían a Galicia junto a los padres que permanecían allí. Conduciría ella el coche porque él lo tenía totalmente prohibido así que se pusieron en camino.

En el pueblo pasaron unos días estupendos, celebraron el cumpleaños de Manuel con una gran comida y todos disfrutaron.

Sofía recuerda que a menudo se creaba una situación tensa que siempre sucedía al finalizar las comidas. Manuel se marchaba a las partidas de mus y ella seria le decía que tenía que reposar un rato porque así se lo había sugerido el cardiólogo, pero era más fuerte el deseo de jugar la partida de mus, su juego favorito y no le hacía caso. Había ganado campeonatos y junto con la lectura, la pesca y la colección de sellos fueron las actividades con las que se entretenía.

Un día ella se puso más seria con él porque había comido demasiado rápido y se iba sin descansar, dijo para retenerlo que si se iba no tomaría el arroz con leche que había preparado la madre y lo dijo sabiendo que disfrutaba con la comida. Lo hizo para forzarle a descansar. Tiene grabado ese momento, se marchó a la partida, no recuerda si tomó el arroz con leche y se fueron a la cama algo enfadados.

Al día siguiente Sábado Santo, día ajetreado por ser la víspera de la vuelta a Madrid se levantaron pronto a excepción de Jimena que permaneció en la cama. La madre preparó el desayuno y les pidió que fueran a comprar leña a un pueblo vecino y así tener la leñera preparada para cuando volvieran en la época del frío. Dijeron que lo harían pero antes llevarían a la pequeña Carlota a poner una inyección, tenía las amígdalas inflamadas y estaba terminando el tratamiento. Manuel se ofreció a llevar a su hija diciendo:

"Cariño, prepárate mientras vuelvo que no tardaré"

"Estaré arreglada cuando vuelvas" contestó.

Siguieron con las tareas de la casa y preparando las maletas para el día siguiente. Cuando terminaron, Sofía miró el reloj y vio que había transcurrido mucho tiempo, le pareció demasiado ya que el lugar de las inyecciones estaba cercano a la casa, doscientos metros aproximadamente. Siempre pensó que no había llevado el coche pero en un momento se le cruzó la idea de que lo hubiera hecho. Se acercó a la ventana y comprobó que se habían ido con el coche. La madre le quitó importancia porque era un trayecto corto y ella se tranquilizó.

"Ya sabes cómo es, que habla con todo el mundo. Se habrá entretenido" dijo.

Quedó tranquila durante un tiempo que fue poco porque de nuevo volvieron a asaltarle pensamientos negativos.

Transcurrieron varias horas, en un momento llamaron a la puerta, era el marido de una prima que muy nervioso le dijo:

"Tranquila, se ha puesto algo malo pero todo está controlado, le están atendiendo los médicos y enseguida viene"

"Por favor, dejadme ir que quiero ver como está" contestó.

"No, espera que enseguida viene, ya verás"

El primo se marchó, ella miró a la madre y nada bueno intuyó, su cara delataba que algo grave había sucedido.

"Será mejor que Jimena que está en la cama todavía durmiendo no esté en casa por lo que pueda pasar. Estará muy bien con las primas entretenida jugando ¿no crees?" dijo la madre.

Sofía sólo tiene grabado entrar despacio en la habitación de Jimena que estaba en penumbra con las contraventanas cerradas. Se acercó a la cama y dándole un beso le dijo:

"Hija, anda vístete que vas a ir con las primas a jugar. Nosotros iremos a buscar la leña para que los abuelos no pasen frío cuando vengan"

Actuó al igual que la madre de manera espontánea pensando en aquella fecha terrible del año 1959 cuando fallecieron la abuela y la hermana. No sabían realmente que estaba sucediendo, querían evitar sufrimiento a la niña y no le comentaron nada del padre.

Más tarde su hija haría comprender a Sofía que tenía que habérselo dicho pues habría querido despedirse de su padre. Lo debió pasar muy mal, sólo tenía diez años.

Pasaron unos minutos y oyó frenar un coche, se asomó y pensó ¡No es el nuestro! quiso salir, pero al acercarse a la puerta vio como subían en volandas a una persona que identificó rápidamente, era su marido. Entraron en el dormitorio y lo depositaron en la cama.

Se quedó paralizada, con una sorprendente calma mirando. Era cierto ¡Estaba muerto! Con la cara relajada sin color, parecía dormido.

Fue a la ventana mirando hacia la nada y llorando sin parar, mientras oía moverse a las personas que allí estaban hablando bajito.

Luego se acercó y besó su frente. ¡Dios mío que frío sintió! Siempre recordará la sensación del mármol en sus labios, duró unos minutos, fue como si hubiera dado un beso a la nieve y se quedara depositada en la boca.

En ese momento no se acordó de Carlota que había salido en el coche con él. Estaba bloqueada, no podía pensar, sólo repetía:

"¡Dios mío, no puede ser!"

Miraba a través del cristal y oía dentro los ruidos propios que estaban haciendo las primas preparando el cuerpo de Manuel, permaneció quieta sin moverse, carecía de fuerzas y tenía la sensación de que todo lo que estaba ocurriendo era ajeno. Se sentía rota y ligera al mismo tiempo, como una hoja caída que antes ha sido agitada fuertemente por el viento.

Luego la casa se llenó de familia y amigos, venían a dar el pésame. Los padres y hermanos de Manuel llegaron de madrugada, Sofía recuerda su cariño y dedicación a pesar de la tristeza que también les embargaba por su muerte, sobre todo del pequeño de sus hermanos que llegó acompañado de su mujer embarazada.

Fueron todos de gran ayuda para ella que se sentía mal, vacía. Caminaba de un lado a otro sin parar, llegaba a la habitación, miraba y no podía creerlo. Salía de nuevo a caminar y dar vueltas por toda la casa, a su cabeza llegaban los murmullos de las conversaciones, el sisear de los rezos y los movimientos de las personas que allí estaban y pensaba:

"¡Se ha ido, se ha ido, ya no estará más a mi lado!

Recuerda con claridad cuando llegó la hora del entierro. Un familiar le comentó que no era costumbre que la mujer fuera al cementerio, debía quedarse en casa hasta que volvieran. Sofía le contestó que quería ir y desde luego que iría acompañándole hasta el final, nadie ni nada se lo iba a impedir. Sentía una enorme impotencia, creía que si hubiera estado cerca cuando se encontraba mal hubiera podido hacer algo más y esa sensación le ha acompañado durante muchos años.

Además sentía pena por los últimos momentos, habían estado algo enfadados el día anterior porque no descansaba después de las comidas y aunque luego habían hecho las paces, desde lo más profundo del corazón pedía perdón.

Partió de la casa el entierro y fueron andando hacia el cementerio que estaba a un kilómetro. Iba rota aunque tranquila, había tomado un sedante. Sus hermanos iban sujetándola con fuerza. Después de una ceremonia muy larga en la que sintió consuelo con las palabras que dijo un sacerdote amigo de la familia, volvieron a casa en silencio. A la mañana siguiente fueron a casa de las primas a buscar a sus hijas Jimena y Carlota.

Se marcharon todos a sus obligaciones y quehaceres, ella y sus hijas se quedaron con sus padres una semana. La madre quería cerrar la habitación donde había estado Manuel y no volver a entrar hasta pasado un tiempo, Sofía le hizo desistir porque entendía que si no entraba en ese momento no volvería a entrar, de la misma manera que si no conducía el coche no volvería hacerlo y es que él había muerto dentro del coche cuando llevaba a su pequeña a poner la inyección. Antes de llegar se sintió repentinamente mal y sólo le dio tiempo a poner el freno de mano, pensó en la seguridad de Carlota en los últimos minutos.

No sabe si fue el amor propio unido a la impotencia lo que le ayudó a ser una mujer valiente y poder afrontar la situación y en ese coche con los padres y las niñas volvieron a Madrid.

La llegada a la casa fue dura, les recibió muy apenada la persona que cuidaba de Jimena y Carlota. La casa despertó en ella más el recuerdo, sentía la presencia de Manuel hasta el olor de su colonia había quedado en el aire. La madre con rapidez le ayudó a retirar todos los objetos y la ropa para guardarlos o entregarlos a quien lo necesitara.

El diecisiete de abril llamaron por teléfono, habían pasado quince días desde su muerte. Se trataba del cardiólogo recordando la cita, ese día le iba a dar el alta para volver a incorporarse al trabajo. Nunca regresó.

El médico estaba muy interesado en el caso e insistía a Sofía para que fuera a verle:

"Lo siento. Me siento muy triste y es muy difícil hablar de lo ocurrido, además me encuentro mentalmente agotada" le dijo.

Cuando transcurrieron algunos días, otro hecho viviría que añadiría más tristeza, tuvieron que operar a la pequeña de un ganglio en la garganta que estaba infectado y el antibiótico no había resultado. Aunque era una operación sencilla y todo salió bien, fueron malos momentos para ella y su madre porque veían muy vulnerable a Carlota. La operación fue bien y enseguida se recuperó.

CAPITULO XI
MADUREZ

Se fueron sucediendo los días, se ocupó de las hijas sobre todo de la pequeña que la veía más indefensa, la mayor equivocadamente creyó que lo llevaría mejor pero no fue así, su padre al que adoraba y con el que tenía una relación maravillosa le había fallado, se había ido. Borró la figura del padre y han tenido que pasar muchos años para que ella recordara, comprendiera y lo aceptara.

Se quedaron los padres acompañando a Sofía una temporada y día a día los vivió entre llanto, silencio y soledad. Aunque estaba muy acompañada y querida se sentía sola, se había ido una parte importante de su vida y es que, además de compartir muchos espacios de tiempo, formaban una pareja muy unida.

Cuando volvió a la empresa fue recibida por todos con un cariño sincero, sobre todo por el jefe que conocía muy bien el camino que empezaba a recorrer porque recientemente se había quedado viudo.

El tiempo de duelo fue muy triste e intentaba sobreponerse, iba de casa al trabajo y del trabajo a casa, salía a pasear con las hijas al Retiro o iban a ver a los abuelos que se habían trasladado de nuevo a su domicilio.

Vivía como un autómata hasta que un día, sentada en el sofá pensando en el golpe tan duro que había recibido, comprendió que empezaba un nuevo capítulo en su vida y que la tarea no iba a ser fácil, tenía dos hijas preciosas por las que luchar.

Todo el mundo le aconsejaba en su afán por ayudar. Se acercó a hablar con el párroco de la iglesia cercana que conocía bien a Manuel y con el que había tenido alguna ocasión de discrepar y le dijo algo que ha tenido en cuenta durante años:

"Tienes una situación difícil, luchar por tus hijas sin olvidarte de ti"

Aunque ella piensa que los consejos hay que valorarlos cuando quien los da ha vivido esa misma situación, reconoce que fue un buen consejo.

Los hermanos de Sofía fueron de gran ayuda, todos los fines de semana se reunían en su casa, venían también los padres y así día a día el tiempo fue suavizando la tristeza. Tiene guardado en la memoria algo que le dijo su hermano Eduardo:

"Lo que ha ocurrido supongo que tendría que ser así y habrá alguna razón. Ahora, tú tienes que hacer todavía muchas cosas, así que adelante que tú puedes"

Lo primero que ya había hecho fue volver a conducir hacia Madrid en el mismo coche en el que había fallecido Manuel. Se sentía contenta de haberlo hecho, pues esa decisión le ayudó para luego tomar otras importantes y no tanto.

En ocasiones los fines de semana su hermano Carlos y su mujer la invitaban a cenar. Asistió a varias cenas y disfrutó en algunos momentos de la grata compañía de los que allí se reunían. También en alguna otra situación se sintió incómoda por la reacción que tenían con ella, se dio cuenta de que una viuda joven, tenía treinta y ocho años, producía un enorme interés.

Asistió a una cena en la que el hombre que estaba a su lado comenzó a hablar del trabajo, era docente. Luego pasó a tontear. A Sofía le parecieron fuera de lugar las palabras que dijo sabiendo que ella conocía que era casado y además la mujer estaba sentada enfrente cenando en la misma mesa.

Las amigas y compañeras también le ayudaron a salir de la profunda tristeza que sentía. Una, soltera, mujer independiente y luchadora, le enseñó a ver la vida con otra mirada. Recuerda los buenos momentos vividos, el flirteo, la risa y el misterio que ha compartido con ella cuando salían los fines de semana y los buenos consejos que le daba cuando de hombres se trataba:

"Si conoces a un hombre y no te llama ni se ocupa de ti los fines de semana, olvídate, seguro que está comprometido y juega a dos bandas…" decía.

Esta amiga, mujer inteligente, en la actualidad está viviendo momentos difíciles familiares a los que sabrá hacer frente.

Otra amiga querida también le ayudó mucho, recientemente se ha sido para siempre después de librar una gran batalla contra el cáncer. Sentía por ella admiración porque era una gran luchadora y actuaba con lógica. En el pasado compartieron muy buenos momentos en viajes en los que coincidieron las dos con sus familias, luego no se veían demasiado pero cuando eso ocurría le hacía sentirse comprendida. Su forma de ser y pensar transmitía a todos serenidad. Sofía la echará de menos.

Con ayuda de los que la querían poco a poco aprendió a vencer de forma definitiva la timidez, su personalidad se hizo más fuerte a partir de entonces, el genio se acentuó y se convirtió en una mujer con carácter y muy decidida.

Lo que le ayudó y mucho fue el amor propio, la responsabilidad del trabajo y tener muy claro que ella y solamente ella, por mucha ayuda que tuviera, sería quien hiciera frente a la situación preparando un futuro para sus hijas. Esa fue la prioridad y ahora cree que ha conseguido ese objetivo.

La mayor de las hijas, Jimena, cariñosa, buena, responsable y trabajadora, con las ideas muy claras para saber afrontar los malos momentos, es muy inteligente y por ello tiene la capacidad suficiente para adaptarse a las nuevas situaciones que la vida le presente.

La pequeña, Carlota, inteligente, buena, cariñosa, rebelde y también trabajadora, por su formación profesional tiene claro cómo es el ser humano y tiene la suficiente tenacidad y decisión para conseguir lo que se proponga en la vida. Las dos son personas de gran valía y Sofía está muy orgullosa de ellas. Son lo más positivo que tiene y lo que más quiere.

También fueron de gran ayuda en la empresa donde trabajaba los compañeros que intentaban animarla cuando estaba decaída. Se reunían en la sala de juntas, compraban aperitivos y celebraban cualquier fecha, siempre había alguna excusa y ella lo agradecía.

Pasaba el tiempo, tuvo que tomar decisiones y aunque estaba acompañada de las hijas, se sentía muy sola, deseaba volver a querer y ser querida, intentaba encontrar de nuevo al hombre que le hiciera sentir y pretendía que fuera como había sido Manuel, con su manera de ser y de actuar, incluso con su físico.

Entonces no se daba cuenta de que lo vivido no vuelve, queda atrás, la vida se renueva cada día y viene de forma diferente.

CAPITULO XII
DECISIONES

Fueron transcurriendo los años y en el trabajo una mañana el jefe de Sofía, con el que se llevaba muy bien y se trataban con gran respeto, comentó que necesitaba ver unas actas de las juntas directivas de años anteriores. Buscó las actas y se reunió con él en el despacho para decirle que no existían y cuál sería su sorpresa cuando le habló nervioso:

"Quiero que sea la primera en saber que me iré en unos meses y por eso tengo la necesidad de decirle que estoy enamorado de usted. Me voy a jubilar, dejaré la empresa y no podía irme sin decírselo. Discúlpeme. Soy mayor que usted, muchos años nos separan, pero permítame decirle que me siento identificado, va a recorrer el mismo camino que estoy recorriendo yo.

Es usted una gran mujer, durante diez años hemos compartido trabajo, me gusta su forma de ser cada día tan positiva y responsable.

"Por favor ¡Discúlpeme!" volvió a repetir.

Sofía se quedó tan sorprendida que no pudo articular palabra hasta pasados unos minutos, entonces contestó:

"Por favor que cosas dice usted. Me pone en una situación embarazosa, nunca he mezclado mi vida privada con el trabajo"

Y no hacía más que sonreír con cara de circunstancias. ¡Menuda situación! Pensó.

"Quiero ayudarla y también proteger a sus hijas, he pensado en cambiar mi testamento"

En ese momento el orgullo hizo que Sofía reaccionara:

"No, por favor no necesito protección, tengo a mi familia y soy capaz de hacer frente a la situación. Me siento halagada y le doy las gracias por todas las cosas bonitas que dice de mí pero no se preocupe que saldré adelante"

Al día siguiente no cambió la relación de trabajo, siguieron como siempre pero un día en que por la tarde ella tuvo que trabajar ya que había una reunión, a la salida la invitó a tomar un café enfrente de la oficina.

Accedió y cuando él volvió a decirle lo mismo, pensando que su amistad podría ser enriquecedora, ella contestó:

"Sólo puedo ofrecerle una buena amistad"

Pasados unos meses el jefe se jubiló y marchó de la empresa, no mantuvieron la amistad, sólo hablaban en algunas ocasiones por teléfono, un día le comentó de broma:

"Menudo momento eligió usted para declararse, yo era muy vulnerable y aprovechó la ocasión"

"Discúlpeme pero no podía irme sin decírselo" contestó.

En una de las muchas charlas telefónicas que mantuvieron hablaron sobre religión y quedó sorprendida, siempre le había considerado un hombre muy religioso. Hablando sobre la figura de Jesucristo, se dio cuenta de que su pensamiento era mucho más amplio y dijo algo que ella comparte y no olvidará:

"El mayor luchador en la historia ha sido Jesucristo, por ir contracorriente y situarse al lado de los débiles y más necesitados. El no solamente hablaba sino actuaba y eso es lo que realmente es importante"

Transcurrió el tiempo y Sofía volvió a pintar. Recibía clases de un pintor que tenía el taller cercano a su casa, también asistía a clase la mayor de sus hijas. Allí conoció a nuevos amigas y amigos y se sintió feliz hasta que un día el pintor, al finalizar la clase cuando ella entró en su despacho para abonar la mensualidad, le dijo que era muy bonita, que le gustaba su forma de ser y le insinuó que seguramente se sentiría muy sola.

Ella le contestó que no quería aventuras, era un hombre casado y le parecía muy mal lo que estaba diciendo pues desde luego a ella no le hubiera gustado lo más mínimo que eso hubiera pasado cuando estaba felizmente casada y añadió:

"Esta situación me va a llevar a tomar una decisión, abandonar las clases"

Al decir esto él contestó que a partir de ese momento sentía más admiración por ella.

Entonces, Sofía tomó la decisión de no volver al taller. Poco tiempo después su hija Jimena también dejó el taller, lo prioritario para ella eran los estudios.

Pasaron un par de años y en una ocasión, un directivo relacionado con la empresa, Fernando, al que ella había realizado un trabajo en el pasado por el que quedó tan agradecido que no hacía más que repetírselo, estaba interesado en su persona sin que ella se diera cuenta. Así se lo dijo una compañera.

Unas Navidades que Sofía había quedado a la salida del trabajo con compañeros y compañeras, apareció él en la cafetería donde estaban con un regalo, le dio las gracias y le felicitó las fiestas. Al corresponder con la felicitación dijo que las pasaría sólo pues desde que se había separado ya no le interesaban y las consideraba como cualquier día del año.

"Pues yo celebraré las fiestas con mis hijas y la familia. Voy a intentar estar feliz para que ellas se sientan felices también" contestó.

Después de Reyes la invitó a comer y entre charla y risas la sobremesa fue la más larga que ha vivido. Se quedaron solos en el restaurante.

Fernando le contó su historia, se había separado recientemente y tenía tres hijos, la vida le había sonreído hasta ese momento. Viajaba mucho por trabajo y al transcurrir los años no se daba cuenta de que la vida pasaba y el amor también. Su matrimonio estaba roto hacía tiempo.

Sofía le dejó claro que no deseaba situaciones complicadas y que si quería podían mantener una buena amistad.

Esa relación de amistad-cariño se afianzó y duró cerca de diez años. Con él aprendió a vivir cada día con intensidad, disfrutar de la belleza y sentirse libre para volver a pintar. Se sentía admirada y le provocaba una necesidad de esfuerzo y de interés para ir más allá dejando libre la espontaneidad.

Un día la acompañó hasta su casa y estaba la madre a quien trató con la amabilidad y la ironía que le caracterizaban y que pocos entendían. Enseguida conectaron pero ¿quién no conectaba con su madre? pensaba Sofía, nadie.

Con el padre también conectaba, conversaban mucho y tenían en común el dominó al que dedicaban horas.

Las hijas no entendían la forma de ser de Fernando sobre todo la pequeña. Era un hombre algo complicado, buen fondo y mala forma como ella le decía. Se cubría con una capa de ironía y algunas veces llegaba a causar sorpresa y rechazo pero ella le comprendía. Demostró que la quería y mucho. Fue la persona con la que más ha hablado, horas y horas de todos los temas. Su conversación era muy interesante.

Intentaron convivir por espacio de un tiempo pero no fue fácil, la situación profesional cambió, se complicó y su forma de ser también. Sofía le ayudó con el nuevo trabajo como freelander. Fueron amigos, compañeros, cómplices, pareja y aunque no vivían juntos, tenían un fuerte compromiso moral.

Uno de sus trabajos consistía en analizar para el Juzgado como perito judicial el tema de las patentes industriales. Ella le ayudaba en la redacción del informe que tenía que presentar ante el juez y colaboró con mucho entusiasmo en ese trabajo. Se confrontaban y analizaban las patentes y se veía claramente quien había copiado a quien.

En una ocasión Fernando fue nombrado por el Juzgado para un caso diferente, se trataba de una pareja muy joven que había aparecido muerta en su cama durante la noche de bodas. Fernando tuvo que visitar con la policía el piso dónde ocurrió y le resultó muy desagradable. En la mesilla de noche aún estaban las dos copas con las que seguramente había brindado feliz la pareja. Fernando enseguida pensó como causa de la muerte el gas, pero cuando vio la cocina comprobó que todo estaba en orden. Luego cuando la autopsia confirmó el fallecimiento por inhalación de gas, Fernando pensó con lógica que el gas había venido de fuera pero no sabía cómo había sucedido si las ventanas estaban cerradas. Observó con tranquilidad la habitación y se fijó detenidamente en la ventana. Vio que existían pequeños huecos en el sistema de enrollar la persiana y pensó que por ahí se había colado el gas, sólo faltaba aclarar de donde procedía. Dio una vuelta alrededor de la manzana donde estaba la vivienda, vio una panificadora, se acercó y comprobó que la instalación estaba vieja y en muy mal estado. El tema estaba resuelto y se procedió a realizar el informe para presentarlo en el juicio.

Los jóvenes habían fallecido por la inhalación del monóxido de carbono que había producido la mala combustión de la panificadora y que había entrado al dormitorio por los huecos de la persiana.

Aún recuerda Sofía la tristeza que les embargaba cuando terminaron el informe. Estaban muy impresionados.

Jimena se entendía bien con Fernando por su formación académica que coincidían, pero la pequeña Carlota no aceptaba su compañía se ponía nerviosa, no le agradaba nada de lo que hacía o decía debido al cariño que sentía por la madre. Era demasiado joven para comprender que el cariño de una madre aunque es el más intenso, en su corazón hay suficiente espacio para querer de otra forma diferente.

Ahora con la ayuda del tiempo Carlota cree que era demasiado pequeña y que tanto ella como su hermana necesitaban a su madre al completo.

Sofía y Fernando mantuvieron una relación basada sobre todo en la amistad, ya que el matrimonio por parte de ella lo tenía descartado, pues no se imaginaba unir las dos vidas con cinco hijos, sus dos hijas y tres de él. No obstante, tuvieron una bonita relación con altos y bajos, fue la persona más original que ha conocido, intentaba siempre darle alguna sorpresa, desde luego no hubo rutina, cada uno tenía su espacio y cada vez que se veían se creaba una situación nueva.

Fernando representaba la vida con todo lo bueno y menos bueno que hay en ella y apareció cuando ella tenía un gran deseo de vivir.

Viene a la memoria un detalle que tuvo que la sorprendió. Seguía pintando y lo hacía en aquel tiempo en casa acompañada de una buena música cuyo equipo él le había regalado.

Un día le dijo:

"Tengo un comprador para tus cuadros y a partir de este momento voy a ser tu marchante"

Escogió uno y se lo llevó para entregar al interesado. Ella se sentía feliz, tenía un comprador.

El cuadro fue vendido y al transcurrir un tiempo, en una charla distendida, Sofía averiguó que había sido él quien había comprado el cuadro. Dijo que lo había hecho para animarla a seguir pintando con entusiasmo, se sintió agradecida y también enfadada por la mentira.

Aún recuerda los buenos consejos que le daba en relación a la pequeña Carlota y es que la sobreprotegía demasiado porque sentía pena al pensar que se había quedado sin padre muy pequeña y no tendría referencias suyas. Fernando le aconsejaba que no la mimara y la consintiera tanto que iba a ser perjudicial para su desarrollo.

Al principio esos consejos no le gustaron pero luego comprendió que él tenía razón y empezó por cambiar y decirle a su hija que nó en algún momento. Gracias a Fernando modificó la madre el comportamiento para con su hija y el resultado fue muy positivo.

Sofía tiene un buen recuerdo de los viajes maravillosos que hizo con Fernando por toda España, visitando algunos de los paradores nacionales. Uno de los que más le impactaron fue el de Carlos V en Jarandilla de la Vera, también le pareció encantador y recogido el de SOS del Rey Católico, situado en un pueblo que bien merece un recorrido por sus calles y el de Chinchón, entrañable, que fue su refugio un fin de año y el mejor de todos por el entorno, el Hostal de los Reyes Católicos en Santiago de Compostela.

También viajaron por Europa, un verano disfrutaron en una playa al sur de Portugal, en otra ocasión visitaron la isla de Madeira, también le acompañó a Bruselas por una reunión de trabajo y luego en un tren hicieron una escapada a París y en otro verano pasaron unos días en Alemania.

En algunos fines de semana visitaban pueblos preciosos, quedándose por unos días en pequeños hostales saboreando la buena y sencilla comida del lugar. Les gustaba viajar y sorprenderse con una obra de arte o un paisaje lleno de encanto.

Algunos veranos aunque pasaban algunos días en la casa familiar de Galicia, luego se iban con Jimena y Carlota unos días a Alcoceber, un bonito pueblo de Castellón. Allí disfrutaban del mar y de las piscinas de la urbanización.

En ocasiones recorrieron los pueblos de los alrededores y en uno de ellos, Peñíscola, visitaron el castillo-fortaleza del Papa Luna. A ella le gustó mucho la zona, tenía una buena playa, buen clima y actividades culturales sobre todo los ciclos de conciertos por la noche en el patio de armas del castillo cuyo comienzo se hacía con fuegos artificiales.

Tiene el recuerdo de un viaje que realizaron a Alemania al finalizar un verano. Fue bien preparado, alquilaron un coche que recogieron en el aeropuerto de Munich. Estuvieron en un apartamento situado en un pueblecito de montaña en la zona de Baviera, precioso lugar por su paisaje e interesante por su gente. Fueron con Jimena y Carlota que disfrutaron mucho. Visitaron preciosos pueblos y bebieron jarras de cerveza alrededor de una gran mesa enlazadas las manos y cantando.

Un día en una de esas visitas cuando regresaban ya tarde a la urbanización y entraron en recepción menuda sorpresa se llevaron, estaba cerrada, allí no había nadie. Se quedaron los cuatro perplejos pues no tenían la llave de acceso al apartamento. Era algo tarde aunque no demasiado teniendo en cuenta los horarios de España. Jimena comentó que se podía llamar a la policía, Fernando dijo que nó, iban a quedar mal como españoles y no quería.

"Vamos a dar una vuelta con el coche y seguramente encontraremos un hotel donde pasar la noche" dijo.

Volvieron al coche y a la carretera, hicieron un largo recorrido por varios hoteles y estaban cerrados. Al final, llegaron de nuevo a la urbanización y se quedaron en el coche haciendo tiempo, esperando a que abriera recepción y pudieran tener las llaves.

Sofía decía:

"Hay que pedir rápido las llaves y subir enseguida para que no les dé tiempo a pensar que hemos pasado la noche fuera y quedar como tontos españoles"

Así lo hicieron, cuando abrieron recepción rápido ella se acercó, pidió las llaves y subió detrás de los demás deprisa, cuando entraron todos se fueron directamente a la cama.

Esta situación no se volvió a repetir porque llevaron consigo siempre las llaves y no tuvieron problemas.

"Los alemanes organizan todo hasta el mínimo detalle y eso está muy bien, pero se olvidan de que en toda regla hay una excepción que la confirma y eso no lo tienen previsto" comentó Fernando.

CAPITULO XIII
DESPEDIDAS

En noviembre de 1991 enfermó la madre de Sofía, un día tranquilo estaba jugando a las cartas con el padre y en un momento se quedó quieta sin hablar. La persona que vivía con ellos y los cuidaba llamó para decir que algo raro pasaba, Sofía avisó a los hermanos y se desplazaron todos a la casa, enseguida vino el médico y diagnosticó una hemiplejia. La madre fue trasladada en una ambulancia al hospital, allí les dieron pocas esperanzas, se quedó en la UCI y al cabo de unas horas entró en coma, los médicos dijeron que la madre se moría y que debían irse, ya les informarían cuando ocurriera el fallecimiento. Los tres hermanos contestaron:

"No nos moveremos de su lado"

Y después de una discusión con el médico de guardia, se quedaron.

En ese momento Sofía se acordó de su buen amigo Fernando que conocía a profesionales del hospital y le pidió por favor que hiciera lo posible para que la madre fuera trasladada a una habitación y pudiera morir tranquila rodeada de los hijos. Contestó que en un momento lo arreglaría, transcurrieron unos minutos y fue trasladada. Permanecieron todos a su lado, también se unió el amigo de su hermano Eduardo al que la madre quería como un hijo y que demostró en esos momentos tan duros el enorme cariño que sentía por ella.

A llegar la madrugada la madre empezó a respirar con tranquilidad, llamaron y enseguida vino el médico, le pusieron suero y todo cambió. No iba a morir a pesar de la opinión de los profesionales. Estaba aferrada a la vida, a los hijos y nietos, no quería irse a pesar de tener reducidas las capacidades desde hacía tiempo, había perdido la vista y el oído debido posiblemente al fuerte shock sufrido en el año 1959.

La madre de Sofía fue el ejemplo más claro para todos de actitud positiva ante la vida.

Estuvo en el hospital unos cuantos días y en silla de ruedas la transportaron a casa, allí estuvo cuidada en todo momento, al principio no se movía ni hablaba hasta que un día el primer signo de recuperación fue cantar una zarzuela que llenó de alegría a todos. Luego al cabo de unos días apareció sin pañales. ¡Se los había quitado! Debió pensar que no los necesitaba, a partir de entonces fue autosuficiente y volvió a caminar.

Como estaba muy débil intentaron que tuviera mejor calidad de vida y la llevaron a recuperarse a un centro geriátrico. Iban a verla familia y amigos y los recibía a todos siempre con alegría, las enfermeras admiraban su capacidad para recuperarse, les gustaba hablar con ella cuando la arreglaban y peinaban el pelo canoso con trenzas para que pudiera dormir mejor.

Logró recuperarse del todo y así estuvo un año, luego volvió a recaer y a perder la memoria, algunas veces mirando al marido decía:

"Quien es este señor y que hace aquí. No sé quién es ¡que se vaya!"

Luego él se sentaba en otro lugar y ella se acercaba, le daba un beso y decía:

"¡Papá! así le llamaba cuando era mayor. Si estás aquí…"
Y se sentaba a su lado.

Un día en el que estuvo habladora y simpática, comentó con detalle que estaba preparando su boda y tenía que pensar a quien iba a invitar y cómo sería su vestido. Aunque los recuerdos se agolpaban en su cabeza de forma arbitraria, fue maravilloso comprobar la facilidad con la que se trasladó a otra época. Estuvo muy divertida y les alegró la tarde a todos, incluida la visita de unos amigos que habían ido a verla.

Sofía aún recuerda cuando ella y sus hijas estaban en la casa de Galicia con sus padres ya mayores, los pasos de la madre pequeños, ligeros, rápidos, muy diferentes a los del padre, grandes, pesados y fuertes. También, en varias ocasiones ver como en la penumbra del pasillo se besaban. Resultaba muy tierno y pensaba qué maravilla compartir la vida tantos años con la persona que quieres.

Al segundo año empeoró y permaneció en cama muchos meses como si fuera un vegetal aunque no dejó de sentir. Todos los fines de semana iban a verla y cuando tocaban su mano y la apretaban suavemente o cuando la besaban, ella sonreía.

La cuidadora lo hacía muy bien, ya que tenía que hacerse con mucho cuidado porque al no moverse podía desarrollar escaras en el cuerpo. Le frotaba su piel con jabón lagarto por indicación del geriatra y se mantuvo siempre en buena situación.

En el año 1994 una tarde llamó la cuidadora muy nerviosa, diciendo que la madre se había puesto peor, fueron rápidamente y la encontraron muy mal, se estaba muriendo.

En ese mismo año, 1994, fallecieron las dos madres, la de Sofía y la de Manuel y al siguiente año se fue para siempre el padre de él. Fue un tiempo difícil y muy triste.

Sofía siempre recordará a su madre, tiene impresa su huella, su cariño y alegría están con ella y en algunos momentos cuando todo es difícil y se siente perdida, desearía con fuerza que estuviera a su lado para que le indicara el camino a seguir.

Recuerda también a los padres de Manuel, ella, mujer con carácter y de buen corazón con la que tenía buena relación. El, hombre tranquilo y educado, le gustaba jugar la partida todos los días después de comer y demostró que quería mucho a su mujer pues cuando la tuvieron que ingresar en una residencia iba todos los días a verla y, aunque ya casi no le reconocía, con enorme paciencia y cariño le leía la prensa.

Pasaron los meses de duelo y a Sofía le preocupaba la salud de su padre. No sabían cómo iba a reaccionar a la pérdida de la persona a la que quería tanto ya que, según confesó en una ocasión, se había ido su luz, pero era un hombre muy fuerte y la sobrevivió algunos años más.

Al quedarse sólo siguió con la misma cuidadora. En el verano iba a Galicia con su hija y sus nietas cuando tenían vacaciones y disfrutaban todos de su compañía. Aunque era muy reservado, lo pasaba bien con ellas sobre todo con la nieta menor. Algunas veces Carlos le llevaba al pueblo en su buen coche, pero él prefería ir rodeado de mujeres, hija y nietas.

Allí todos los días iba a jugar la partida de dominó a un bar cercano, bajaba y subía la calle cada mañana sin la dificultad que puede tener una persona de su edad. Siempre ganaba para enfado de muchos, jugaba muy bien. Alguna vez su nieta Carlota lo vio jugando:

"Mamá he visto al yayo jugando la partida y no sabes la cara de satisfacción que tenía, disfruta mucho con el dominó y el ruido que provocan las fichas cuando las golpea con fuerza contra la mesa de mármol"

Carlota le quería mucho, ocupó en su corazón el mismo lugar del padre al que no llegó a conocer lo suficiente.

Luego al pasar algún tiempo, el padre les comunicó que quería irse a una residencia, así estaría más acompañado con personas como él y se ocuparían de la medicación, la residencia tendría que tener árboles y espacio para estar en contacto con la naturaleza y poder caminar como hacía siempre. Así se hizo, los fines de semana iban todos a verle y en las fiestas siempre pasaba unos días en casa de su hija con las nietas.

En las visitas que le hacían, cuando el tiempo era bueno, disfrutaban en familia sentados en la terraza del bar de la residencia situada en el jardín, tomando un café o un refresco. Allí, el padre y su hija se conocieron mejor, se contaron momentos de sus vidas que ambos desconocían.

En la residencia impartían clases de marquetería y manualidades y en esas clases el padre retomó su pasión realizando en madera hórreos gallegos, casitas de muñecas con todo lo necesario y carros de bueyes. En la residencia le consideraban como un ejemplo a seguir.

Ganó un premio en la exposición que realizaron con todos los trabajos llegando a salir en televisión. Ella recuerda ese día, le acompañó y le costó convencerle que su edad era 100 años, así lo tenía que decir porque resultaba más llamativo en televisión y nó 99 años como tenía en realidad. Así se lo indicaron los responsables del programa, como si llegar a los 99 tan sano y tan lúcido no fuera suficiente noticia, pensaba Sofía.

En una de las muchas ocasiones en que iba a ir a casa en Navidad, dijeron en la residencia que antes de salir tenía que curarse una bronquitis muy fuerte que estaba padeciendo.

Cuando transcurrieron unos días y Sofía consideró que ya estaría recuperado, llamó para traerlo a casa pero le dijeron que acababan de trasladarlo al hospital, se había puesto peor. Fueron rápidamente a visitarle y le encontraron decaído. Se turnaban todos para estar a su lado, las nietas le daban la comida y se ponía contento, bromeaba y decía que estaba pendiente una partida de dominó:

"Que se prepare Fernando porque le voy a dar una paliza ¡voy a ganar! decía.

Le darían el alta al sexto día pero en el quinto les dijeron que tenía que quedarse, había contraído el virus de la neumonía. Pasó la Nochebuena en el hospital, estuvieron todos con él mucho tiempo, luego se fueron a casa para preparar la cena. Vendrían a cenar Carlos y Fernando que quería pasar en su casa la Nochebuena. La cena fue triste y silenciosa, incluso su hermano que en otras Navidades amenizaba la fiesta cantando acompañado de una guitarra o contando chistes, estuvo en esta ocasión serio y pensativo.

Una mañana que ella sustituía a uno de sus hermanos, cuando llegó a primera hora al hospital vio que el padre estaba acostado y medio dormido, al acercarse y darle un beso, él tomó aire en sus pulmones con fuerza y lo soltó con mucho alivio, en ese momento dejó de respirar y falleció. Parecía que había estado esperando su llegada.

Lloró mucho su muerte y se quedó con la sensación de no haber realizado un deseo suyo.

Cuando cumpliera los cien años le iban a hacer un homenaje en Galicia, su tierra, quería celebrarlo antes y Sofía le contestaba que aún no había cumplido los cien años, además hacia mal tiempo parar ir al pueblo. Un día llamó por teléfono:

"Hija, no sé por qué hay que esperar a que cumpla los cien pues ya estoy en ellos. Cuando llega el cumpleaños de una persona los años ya se han vivido, se han ido, ahora estoy en el año cien de mi vida"

La dejó sorprendida y al mismo tiempo sintió admiración por lo bien que razonaba para su edad. Ahora piensa que tenía que haberse celebrado el homenaje cuando él decía, pero no fue así y ha sido su pesar.

Fue enterrado el día de los Santos Inocentes del año 2000. En octubre del año siguiente habría cumplido los ansiados 100 años.

El día del entierro fue lluvioso y gris, acudieron numerosa familia y amigos de Galicia. A pesar de ser un hombre reservado, era querido y respetado.

CAPITULO XIV
ESFUERZO

De los veinte años que trabajó en la misma empresa los últimos diez estuvo con un nuevo jefe, persona que seguía la táctica: "divide y vencerás", rompió el buen trato que había entre todos y Sofía tuvo que soportar algunos malos momentos.

Como ella era persona conocida dentro del sector por llevar trabajando muchos años, el jefe hablaba bien fuera de la empresa y dentro no lo hacía tanto aunque reconoce que era un hombre inteligente y tenía una enorme intuición. Cuando cerró la empresa, hubo situaciones algo complicadas sobre todo a la hora de tratar la indemnización, pero se mantuvo firme hasta el final y todo fue legal. La hizo llorar pero lo hacía cuando llegaba a casa, no quería darle el gusto de verla en esa situación. De esa etapa quedó marcada la necesidad que tiene Sofía de hacer las cosas bien y llegar a soluciones rápidas. Ese jefe decía que la norma era hacerlo así, no admitía errores y tampoco animaba con los aciertos.

En el año 1996 empezaron a complicarse las cosas, venían tiempos nuevos y se abrían mercados, estábamos en Europa. Por todo ello el sector ya no necesitaba los servicios de la empresa y se fue apagando y en lugar de adaptarse a los nuevos tiempos dejó de funcionar. Al final en abril cerró y Sofía se quedó sin trabajo, firmó un convenio regulador con la Seguridad Social y durante años pagó la cuota para no perder los derechos de su jubilación. Esto sucedió en un momento en que todavía tenía mucho que hacer, las hijas no habían terminado los estudios y concretamente, la mayor tenía que hacer el proyecto fin de carrera.

Sintió agobio, veía que no podían mantener la forma de vida que llevaban porque tendría que prescindir de unos buenos ingresos. Jimena le dijo:

"No te preocupes mamá, me pongo a trabajar" y así lo hizo.

Pasó poco tiempo para que se diera cuenta de que la situación no era tan mala, disponía de una buena indemnización así que la hija volvió al estudio y terminó la carrera.

Tiene el recuerdo Sofía de los años 1996 a 1998 que tuvo sabáticos en los que se dedicó a pintar y decidió exponer la obra que tenía, para ello pensó en el pueblo donde veraneaban porque allí sería más fácil y seguramente resultaría mejor.

Expuso los cuadros en el salón de actos del ayuntamiento y con buenos resultados pues la mayoría de las obras fueron adquiridas por la familia y amigos.

A final del año 1998 un día le comentó su amigo Fernando que tenía que prestarle ayuda, tenía una póliza de ahorro y no sabía en qué situación estaba, fueron juntos a la compañía de seguros y luego la invito a comer. Allí le informó de todo lo que podía hacer con dicho contrato.

A los pocos días volvió a llamar a Sofía para decirle que esa empresa solicitaba personal y le sugirió:

"Podías ir a la entrevista y volver a trabajar ¿no?"

"¡Pero si no tengo idea de este tipo de trabajo!" contestó.

Desconocía los temas comerciales pero el amigo insistió y dijo que nada perdía por acudir. Se presentó una mañana y después de una larga entrevista le hicieron un contrato mercantil.

Comenzó de nuevo a trabajar pero esta vez era diferente. Tenía como compañero a un hombre joven e inteligente, los dos eran sorprendentes, se unían la espontaneidad de ella y la capacidad de él para manejar todo lo relacionado con las inversiones y los seguros. Hicieron muchos y buenos clientes, luego este compañero se marchó a otra empresa y quiso que siguieran formando equipo, tanto insistió que Sofía se fue con él y en esa empresa ha trabajado hasta que se ha jubilado.

CAPITULO XV
TRISTE INTERVALO

Su buen amigo Fernando enfermó. Al realizar una serie de pruebas vieron que había desarrollado un cáncer, tenía metástasis en la columna con el tumor localizado en el pulmón y aunque ya no estaban juntos porque habían terminado la relación, le acompañaba a todas las consultas médicas.

Fueron días de mucho ajetreo, al final no tenía solución, así se lo manifestó el amigo médico a todos. Los últimos tres meses de su vida los pasó en una residencia de cuidados paliativos privada donde fue muy bien atendido.

Ella le iba a ver todas las semanas y estaba mucho tiempo disfrutando de su compañía oyendo música de la que era buen conocedor, viendo una película como Doctor Zhivago que le encantaba o escribiendo, dado que él no podía hacerlo. También recibía la visita de sus hijos.

Fue duro aquel tiempo, él sufría y se daba cuenta de la realidad aunque no lo manifestara y seguía diciendo con entusiasmo que irían pronto como dos buenos amigos a París. Cuando murió, estaban con él Sofía y sus hijos. Ocurrió un domingo por la noche a comienzos del año 2001.

Comenzó a llegar gente desconocida, a excepción del amigo médico y algunas personas más. Sofía enseguida se acordó de sus hijas que no sabían lo que había pasado. Intentó localizarlas y cuando habló con ellas se dio cuenta en ese momento que ya no encajaba allí, Fernando se había ido para siempre, así que les dijo que fueran a buscarla cuanto antes para ir a casa. Las tres recogidas lloraron su muerte. Le viene a la memoria una frase que él decía cuando eran felices:

"Tenéis formada una piña cerrada a la que es complicado entrar, tres mujeres unidas no sólo por lazos familiares sino por situaciones difíciles, pero yo lo voy a intentar"

No asistieron a la incineración pero sí a una misa que oficiaba una persona conocida de Fernando que pertenecía a los Hermanos de San Juan de Dios. Con esa congregación tuvo un contacto muy directo en Sierra Leona cuando, a través de la Comunidad Económica Europea, fue enviado a Africa Occidental unas Navidades para poner en marcha un hospital y en concreto los quirófanos que estaban destruidos por la guerra civil que en ese momento estaba viviendo el país.

La ceremonia fue emocionante, el religioso habló de él con muy buenas palabras y Sofía pensó que al final de la vida habían entendido su calidad humana, pero ya era tarde para que él se sintiera contento por ello. Hubo un momento que sólo para ella fue entrañable y no pudo contener las lágrimas, ocurrió cuando leyó una postal que Fernando había dirigido al religioso agradeciendo con pocas palabras su amistad y los recuerdos tan buenos que tenía de las largas conversaciones que habían mantenido durante su estancia en Africa. Esa postal había sido redactada por Fernando y escrita por ella en la habitación cuando él ya no podía escribir. Le había pedido que por favor se la enviara.

Aún conserva lo que Fernando escribió cuando estuvo en Africa y el impacto que le causó el país. La terrible guerra civil que entonces estaba ocurriendo duró muchos años. Decía:

"No puedes imaginar cómo está su gente, van de un lado a otro caminando, la mirada perdida, con una especie de bulto hecho con la ropa que seguramente será lo único que tienen. Caminan y caminan sin meta, todo está destruido y pasan camiones llenos de soldados con los rifles en alto a punto para disparar. En el hospital, la mayoría son niños huérfanos enfermos o tullidos, que te miran como si fueras el salvador, no piden nada, te agarran de la mano y se fijan en ti con esos enormes ojos que destacan en las caritas negras para que les regales una sonrisa, sólo eso.

Un día me llevaron los hermanos a visitar una congregación que se encontraba a unos kilómetros del hospital, lejos de la capital Freetown. Fuimos en un coche todo terreno e íbamos custodiados por soldados con metralletas, en un momento nos pararon unos hombres vestidos con diferentes uniformes que iban armados, me asusté y pensé que iba a ser mi último viaje pero hablaron entre ellos y nos dejaron pasar.

Llegamos al lugar y me sentí mal, muy mal, la casa era como una especie de cabaña mal construida, pobre, sin apenas mobiliario, sólo unas sillas medio rotas y una mesa pequeña sirvieron para darnos un vaso de agua y unas galletas. ¡Te lo ofrecían con una gran sonrisa! Sentí una profunda admiración por el trabajo y dedicación de esas personas"

A la vuelta de este viaje Fernando que se definía agnóstico, cambió su forma de pensar y su pérdida fue otro golpe duro que ella tuvo que remontar pero lo superó no luchando, no actuando, siendo solamente espectadora y dejando todo al azar. No podía evitar sentir miedo ante la posibilidad de que le tocara a ella pasar algo similar. Se encontraba mentalmente cansada.

El comienzo del nuevo milenio continuó siendo difícil para ella, pues otro hecho viviría que tendría que afrontar. Le detectaron un tumor que tuvieron que extirpar pero hubo suerte, estaba localizado y no derivó en males mayores. Esto ocurrió al mismo tiempo que el triste final de su amigo Fernando.

CAPITULO XVI
SOLEDAD

El tiempo continuó su curso inexorable y como bálsamo fue transformando ese presente triste en pasado. Sofía volvió de nuevo a vivir y dejando al lado por un tiempo la tristeza que sentía por la ausencia tan recordada de las personas queridas, se refugió en la pintura y también en el último trabajo como asesor que le permitía organizar en su agenda el tiempo como quería.

Expuso de nuevo unos cuantos cuadros que había pintado y lo hizo cerca de casa, en la galería en cuya tienda compraba los lienzos, las pinturas y todo lo necesario para pintar. La exposición no fue de todo mal.

En una ocasión una compañera de trabajo que se había separado recientemente, le dijo:

"Sofía ¿por qué no nos inscribimos en un club del que me han hablado y al que acuden personas que están solas, viudas, separadas o solteras?"

Se acercaron una tarde a las oficinas que tenía el club y después de una larga charla, decidieron hacerse socias. A partir de entonces volvió a salir y a comunicarse, iban a cenar, al teatro o a espectáculos interesantes, fue una etapa entretenida aunque un poco frívola pero le ayudó a no pensar, aunque siempre al cerrar la puerta de su casa seguía sintiendo una enorme soledad.

La relación con el club finalizó al cabo de dos años y esto pasó por el comportamiento que tuvieron respecto a un crucero que iban a realizar y al que ella decidió no ir por varios motivos. El más importante fue que estaba cercana la fecha del traslado de los restos de Manuel al cementerio en Madrid y depositarlos con los de la familia.

Cuando reclamó el dinero que había pagado por el crucero pusieron muchos inconvenientes y al final se vio obligada a ponerlo en manos de abogados que, después de un tiempo de tira y afloja, dijeron que querían un acuerdo para no ir a juicio. Accedió al acuerdo aunque sólo percibiendo la mitad, la decisión fue bien tomada ya que pensó que un juicio se dilataría en el tiempo.

Recordó lo que Fernando le decía:

"Siempre es mejor llegar a un acuerdo que ir a juicio"

Lógicamente cerró esa etapa del club, aunque de aquel tiempo conserva alguna buena amiga.

El traslado de los restos de Manuel a Madrid fue duro para ella y sus hijas, volvían a vivir aquellos días del año 1983. Fueron de gran ayuda los familiares que vinieron para estar con ellas en esos duros momentos. Su hija Carlota insistió en acompañarla, había vivido la pérdida de su padre con algo más de un año, apenas tenía recuerdos de él y quizás le resultaba menos traumático que a su hermana Jimena que entonces tenía 10 años y era más duro para ella.

El traslado tuvo algo muy positivo para su hija Jimena, la realidad se imponía y en ese momento consiguió aceptar, después de tantos años, la muerte del padre al que admiraba pues tuvo la valentía de acompañar sus restos durante unas horas y eso le ayudó a comprender.

Pasó el tiempo y seguía con la soledad a cuestas. Jimena había decidido irse a vivir con el hombre que había elegido, se marchó y sin Jimena quedó la casa triste y algo vacía, comenzó entonces la cabeza a funcionar en relación a esa casa y se dio cuenta que necesitaba otro escenario para vivir. Sería suficiente con un piso más pequeño seguramente más acogedor, decidió vender el que tenía y comprar otro para compartirlo con la hija Carlota. La venta del anterior y la nueva compra fueron del todo satisfactorias y se trasladaron al nuevo piso en enero del 2003.

En el año 2006 conoció a un hombre que en principio le pareció una persona admirable, tenía un gran sentido del humor y era inteligente.

La primera vez que compartieron una comida, la conversación y la mirada desbordaban sensibilidad, hablaron de familia, de política, de libros, de pintura y de música. Le gustaba escribir y tocaba el piano.

Pensó que al fin había encontrado al hombre con el que compartiría una nueva etapa de la vida, pero no fue así.

Fue varias veces a verla, una de las veces sugirió que ella podría ir a conocer su ciudad en algún momento, le animó y se ofreció hacer de guía para la ocasión.

Decidió ir, tiene grabada la llegada del tren a la estación y el recibimiento tan afectuoso que le hizo, estuvo allí varios días y recorrieron la ciudad y su entorno. Recuerda la estupenda paella que comieron en un pueblo pequeño, las risas y la alegría de esa comida, el intercambio de los abrigos que el de ella a él le quedaba muy apretado y el de él a ella enorme.

Cuando fueron a la casa se quedó sorprendida por la limpieza y el orden aunque al llegar ocurrió un hecho que la dejó perpleja, antes de entrar él se quitó los zapatos que dejó fuera en el felpudo y entró caminando por la alfombra que se extendía a lo largo de todo el pasillo. Pensó que esto no lo hacía nadie pero desde la lógica le pareció razonable, se dejaba fuera la suciedad de la calle.

Luego le enseñó el lugar donde podía pintar cuando ella quisiera, le había reservado un rinconcito para hacerlo.

Sofía había comentado que tenía que comprar un caballete que necesitaba para pintar cuando saliera de viaje y él comentó:

"Conozco un lugar donde encontrarás lo que buscas"
Allí fueron una tarde.

De nuevo la dejó sorprendida por lo que ocurrió en la tienda, quería comprarlo portátil para así poder trasladarlo con facilidad y él insistía en que lo comprara fijo para pintar de pie. Esa situación generó una tonta discusión que le hizo pensar lo difícil que sería convivir con él, teniendo en cuenta las dos fuertes personalidades.

Se encerró en sí mismo y no habló durante todo el día. Ella no entendió esa reacción.

Sofía piensa que es complicado compartir la vida después de haber estado sola durante tanto tiempo, hay formas de actuar que son difíciles de aceptar y es que cuando se tiene una edad se lleva consigo un cargamento lleno de costumbres, egoísmos y manías. ¡Que diferente cuando eres joven! Estás libre, nada te condiciona y te entregas de manera limpia y total.

Terminaron una relación que no había comenzado y se dieron cuenta de que si hubieran continuado habría sido muy complicada.

Quedaron como amigos durante un tiempo, pero se rompió la amistad por una diferencia de interpretación en relación a un viaje, ahora se comunican por correo intercambiando información y en relación a la literatura, tiene que decir que escribe muy bien. En alguna ocasión le solicita su opinión como lectora.

En ese año 2006, contrajo matrimonio Jimena con el hombre que había convivido durante algunos años.

"Mamá nos vamos a casar, él es el padre que quiero para mis hijos" dijo.

Hombre bueno, trabajador y familiar con enorme tenacidad o amor propio para conseguir lo que se propone.

Fue una ceremonia muy bien organizada por ellos, la novia como todas las del mundo pero vista por su madre mucho más, iba preciosa con el vestido que ella le regaló. Fue su madrina ya que la madre del novio le dejó su sitio. El coctel y la cena lo celebraron a unos kilómetros de Madrid en un lugar acogedor y con preciosos jardines. Luego al son de la música Sofía bailó sin descanso tanto que tuvo que cambiar los zapatos que había estrenado por otros más cómodos. Todo fue maravilloso porque sentía a su hija muy feliz.

No transcurrió mucho tiempo para que Carlota al igual que su hermana, se independizara y se fuera de casa para convivir con un hombre que es bueno, trabajador, organizado y sabe lo difícil que es conseguir lo que se quiere. Son jóvenes y están comenzando un camino esforzándose por alcanzar sus deseos. Les desea toda la suerte en ese largo recorrido.

Cuando Carlota se fue, en ese momento percibió el alcance de la situación, ahora sí que estaba sola, al principio fue duro, no podía soportar el silencio físico que va unido a la soledad, lo percibía y se sentía mal. Después se acostumbró y fue acomodándose, descubrió lo que es no contar con nadie en la rutina de cada día, no compartir y sobre todo no poder directamente comunicarse.

CAPITULO XVII
LA POLITICA

En el año 2007 empezó una situación económica difícil en Estados Unidos que rápidamente llegó a Europa, no se le dio la importancia que tenía y comenzó una crisis económica que aún en el año actual, 2012, estamos padeciendo.

Sofía piensa que hay infinidad de causas que han llevado a España a esta situación, un callejón sin salida de momento en el que se está cuestionando nuestro modo occidental de vivir y la moneda europea, el euro.

La información a ella le supera, no es economista pero en estos tiempos en que cualquier noticia está en nuestro cerebro en el momento real ya que somos un pueblo global, percibe que sólo son importantes las cifras y no los seres humanos y ella cree que se debería tener en cuenta que delante de las cifras, están las personas que son las que consiguen los logros que generan esas cifras a las que se desea llegar con urgencia. Insiste en que las personas son en la sociedad, las que generan cifras con el esfuerzo en el trabajo y la inteligencia.

Sofía cree que sin motivación y entusiasmo no se avanza. Esta es una opinión sencilla que no puede ser valorada por los analistas y asesores económicos importantes que llenan las páginas en la prensa pues hablan de grandes cifras sin pararse a reflexionar que, con alguna excepción, en la vida a través de lo pequeño se consigue lo grande. A ella le ha sucedido, ha alcanzado grandes metas a través de pequeños pasos, poco a poco.

Piensa como muchos españoles que nuestro país está en manos de Europa y que los mercados nos vigilan, nos juzgan y actúan.

Es una difícil situación que a ella le produce incertidumbre y desánimo y que unido a la tasa tan alta de paro nos lleva a una vida complicada, Europa está intentando arreglarlo poniendo directivas en las que exista un control económico para evitar la corrupción y el despilfarro con palabras mayúsculas que es lo que nos ha llevado a esta situación. Y no estaría nada mal que también hubiera ese control en nuestro país donde personas y organismos delinquen, en algunas ocasiones de forma que nos parece legal.

Desde el punto de vista de Sofía, el euro nos ha hecho más pobres y aunque ingenuos pensáramos que nos convertía en ricos europeos, no ha sido así, un euro sustituía a nuestra moneda, la peseta. Entusiasmados vivimos sin pensar en su verdadero valor 166,386 ptas. y todo se desbordó.

Ese fue el comienzo, se construyeron viviendas en exceso, enormes edificios que no tenían sentido, aeropuertos sin expectativas de pasajeros, centros culturales en donde no existía rastro de cultura. La cuestión era impresionar y dejar patente nuestro poderío.

Todo esto formaba parte del nuevo modelo de vida y arrastrados por él se quiso hacer lo mismo, exagerar con la pequeña economía y comprar y seguir comprando aunque nos saliéramos del presupuesto. Olvidamos a nuestro querido Sancho Panza y actuamos como Quijotes alocados y soñadores.

Desde la experiencia de los años vividos, a ella le preocupa el futuro de los suyos. El mundo está inmerso en un profundo cambio a todos los niveles y ese cambio no sabe si será positivo para ellos.

Todos los cambios que afectan al ser humano, sean de trabajo, de salud, emocionales y hasta de ubicación, nos alteran y desajustan. La rutina da seguridad, por eso serán los que estén alerta y tengan capacidad para adaptarse a la nueva situación los que sobrevivirán a los cambios que con rapidez nos están llegando.

CAPITULO XVIII
RENACER

En el mismo año 2007 llenó de alegría a Sofía el nacimiento de su primera nieta, sintió como si en sus venas inyectaran sangre nueva. Fue toda una renovación.

Estuvo cuidándola durante el primer año, compartiendo esa situación con la otra abuela conforme a lo que quería su hija Jimena. La niña había nacido días antes de lo previsto y puso toda su dedicación y cariño.

Esos días fueron muy felices, volvía a renovarse en madre-abuela recordando tiempos pasados cuando fue madre de las dos hijas, ahora sin lo pesado del embarazo y el esfuerzo del parto. Todo eran ventajas, disfrutó y sigue disfrutando de la nieta a la que quiere muchísimo. Es una niña preciosa con unos ojos tan inmensos y cambiantes como el mar en un momento azules y en otro verdes o grises. Inteligente, como los niños de esta generación, le hace sentir una enorme admiración por su forma de pensar tan lógica, sus dibujos tan espontáneos y llenos de vitalidad. Y Sofía piensa en todo lo que se pierde cuando somos adultos.

Ahora con el paso del tiempo, ha aprendido a conocerse mejor y a esforzarse para no influir en las decisiones que afecten a las hijas, son ellas las que tienen que arriesgarse y decidir. Lo que queremos todos es ser felices a nuestra manera, cada uno elige la suya y hay que respetarla.

Vive con intensidad tanto los momentos buenos como los difíciles, pensando que de esa manera disfruta mejor los buenos y los malos los afronta con mejor ánimo.

Cree que la actividad ayuda a encontrarse mejor, así que viaja, va al cine o al teatro y asiste a varias clases en las que se siente bien compartiendo risas y trabajo. Ha conocido personas que la enriquecen, con una de ellas, amiga, comparte viajes culturales que le hacen sentir muy bien.

Otra, un amigo que aprecia y respeta por su inteligencia y caballerosidad, sabe que la quiere bien y cuando se ven que no es muy a menudo durante una comida o cena, vive un momento tranquilo que la llena de satisfacción. Su conversación es divertida e interesante cualquiera que sea el tema, sabe jugar con las palabras y tiene un gran sentido del humor. Resulta agradable su compañía.

Siente que la amistad acaricia el alma porque es generosa, respeta el espacio individual de cada uno y hace la vida más agradable.

Desde el año 2010 comparte con otro buen amigo de sus amigos algunos momentos, cuando se conocieron en una comida, todo ocurrió como si se hubiesen visto mucho antes, se encontraban a gusto aunque Sofía pensaba que tenían pocos puntos en común.

Un día fue entrañable cuando confesó:

"Permíteme que te cuide, me gustaría mucho hacerlo"

Es una persona hermética y sorprende su pragmatismo, tiene los pies en el suelo y un sentido de la realidad que a veces asusta.

Es bueno conocer otra forma de pensar, pues hace que te reafirmes o por el contrario te cuestiones la tuya.

En el arte Sofía definiría a este amigo como un color primario fijo en la paleta del pintor que siente la necesidad de un color complementario para que al mezclarse, se llegue a esa maravillosa gama de matices que nos lleva a realizar un buen cuadro.

Ahora ve con más claridad que la felicidad está en las pequeñas cosas siempre, en vivir intensamente cada minuto del día, porque la felicidad es un espacio corto de tiempo en el que se siente uno satisfecho al alcanzar un deseo y si es compartido mucho mejor y piensa que cuando se alcanza hay que continuar en busca de un nuevo sueño.

Y aquí viene lo complicado en una relación de pareja, los deseos son muy personales y pueden ser diferentes, un buen trabajo o buena salud para unos, la libertad individual, competir y ganar, una casa, un coche o un viaje para otros… Lo importante es hacer partícipe a la pareja de ese sueño y compartirlo.

En el año 2011, Sofía volvió de nuevo a ser abuela. Esta vez se trataba de otra niña, gordita, llena de salud y alegre con la sonrisa siempre puesta.

Le encanta observarla siempre contenta. Es una niña tragona tanto que se come todo, parece un pajarito con la boquita abierta de par en par esperando la comida que le deposita su madre. Es bastante traviesa y hay que estar pendiente de ella. Tiene una personalidad que seduce con facilidad. Las dos hermanas no se parecen, el físico y su manera de ser son diferentes. Las quiere mucho y disfruta con ellas en la misma medida que termina agotada. Los años no pasan sin dejar huella, aunque en los momentos felices quedan en el olvido las agujetas y el dolor de cabeza y vuelve a ser niña.

Ve en sus nietas a sus dos hijas cuando eran pequeñas, la forma de mirar de la mayor y lo traviesa que es la pequeña.

EPILOGO

Se puede decir que Sofía ha vivido para las hijas en mayor medida, pero ahora que ellas tienen su vida y su propio camino, aunque siempre esté a su lado, tendrá que decidir qué y cómo quiere vivir.

En el momento presente disfruta del cariño de los suyos y sobre todo de la ternura de las nietas. Se reafirma en que la amistad es además de la familia lo más importante y está tranquila porque tiene buenos amigas y amigos. No sé a dónde la llevará el destino y no siente preocupación.

Le importa el presente pues el pasado se ha ido y el futuro es un interrogante, no tiene fronteras ni lugares, cualquier sitio es bueno para vivir y sentirse bien siempre que el sol ilumine. Cree en el amor, en la integridad y en la responsabilidad del ser humano en libertad y le sigue apasionando la vida, sabe que es efímera y que hay que intentar vivirla con intensidad minuto a minuto para conseguir muchos presentes felices y así ir haciendo futuro. Guarda el grato recuerdo de los que se han ido y cree tener el sentido del humor necesario para vivir con una actitud positiva.

Sigue teniendo curiosidad por aprender, continúa disfrutando de un buen libro, una buena película o una obra de teatro.

Intenta plasmar en un lienzo la belleza, se siente a gusto dando un paseo por la orilla del mar, se conmueve ante un cielo estrellado o un atardecer y le gusta poder elevarse del suelo con el sonido de la música. Todo esto forma parte de ella.

Hace suyo el poema de Jorge Luis Borges:

"Sueño con una vejez acompañada, en donde la mano de él* sea mi guía y donde la mía sea su sostén"

Y ella añade, sueña con poder recibir una caricia antes de acabar el día, compartir las luces y las sombras con que la vida le sorprenda, tener siempre el entusiasmo necesario para hacer camino y llegar al final de ese camino contenta y tranquila con su conciencia sabiendo que ha dejado una pequeña huella en cada una de las personas que han estado, están y estarán a su lado.

Como todas las vidas, la de Sofía está llena de sombras y luces pero a pesar de las primeras, se siente feliz por continuar aquí.

***

Madrid, julio de 2012

---

* En el texto original de Borges dice ella